为精英阅读而努力

财智赢家

113

股市获利11堂必修课

米奇·扎克斯（Mitch Zacks） ◎著

罗 伟 ◎译

全国百佳图书出版单位

APETIME 时代出版

时代出版传媒股份有限公司

安徽人民出版社

图字：12151558 号

作品名：股市获利 11 堂必修课——简单、实用、有效的策略让你超越市场平均收益率

图书在版编目（CIP）数据

股市获利 11 堂必修课——简单、实用、有效的策略让你超越市场平均收益率 / ［美］扎克斯著；罗伟译 . — 合肥 : 安徽人民出版社，2016.1

ISBN 978-7-212-08581-0

Ⅰ. ①股… Ⅱ. ①扎… ②罗… Ⅲ. ①股票投资－基本知识 Ⅳ. ① F830.91

中国版本图书馆 CIP 数据核字 (2016) 第 018464 号

GUSHI HUOLI 11 TANG BIXIUKE
股市获利 11 堂必修课
JIANDAN SHIYONG YOUXIAO DE CELUE RANG NI CHAOYUE SHICHANG PINGJUN SHOUYILU
简单、实用、有效的策略让你超越市场平均收益率
［美］ 米奇 • 扎克斯（Mitch Zacks） 著

罗 伟 译

出 版 人：朱寒冬
策　　划：中资海派
执行策划：黄　河　桂　林
责任编辑：任　济　王大丽
特约编辑：张　艳　乔明邦
责任印制：董　亮
版式设计：王　雪
封面设计：刘　榴

出版发行：时代出版传媒股份有限公司 http://www.press-mart.com
安徽人民出版社 http://www.ahpeople.com
地　　址：合肥市政务文化新区翡翠路 1118 号出版传媒广场八楼
邮　　编：230071
营销电话：0551-63533258　0551-63533292（传真）
印　　制：深圳市福圣印刷有限公司

开　　本：787 × 1092　1/16　　**印　　张**：13　　**字　　数**：145 千
版　　次：2016 年 5 月第 1 版　2016 年 5 月第 1 次印刷
书　　号：ISBN 978-7-212-08581-0
定　　价：42.00 元

“iHappy投资者”系列图书项目介绍

深圳市中资海派文化传播有限公司

倾力打造《世界经管学术经典文库》正式面市

《世界经管学术经典文库》从“iHappy 投资者”系列图书拉开大幕。

深圳市中资海派文化传播有限公司与约翰·威立国际出版公司（John Wiley & Sons, Inc ）、彭博财经出版社（Bloomberg Press）展开了广泛而深入的合作。约翰·威立国际出版公司不仅是全球历史最悠久、最知名的学术出版商之一，更是世界第一大独立协会出版商和第三大学术期刊出版商。彭博财经出版社立足于全球最大的财经资讯提供商彭博资讯，针对专业投资人士。

第一阶段，中资海派与约翰·威立社旗下的 Little Book 系列进行了独家战略合作，推出了一系列深受读者喜爱的经典作品。作为中资海派“iHappy 投资者”系列的主打书目，“Little Book”财智赢家经典投资系列品牌图书不仅涵盖了“理论结合实践”的投资策略，更结合欧美投资大师的经典投资理论，突出了未来投资趋势等主题。系列书中的每本书都从不同角度解读了投资获利的奥秘，是读者及广大投资者的投资理财的指引明灯。该系列书的作者大都为金融投资界享誉盛名的大师级人物，包括“成长股价值投资之父”菲利普·费雪、“指数基金之父”约翰·博格、“华尔街最知名的股票预测者之一”肯·费雪等。

第二阶段，中资海派与约翰·威立国际出版公司的合作全面升级，以 Wiley Trading 系列和 Wiley FINANCE 系列作为核心产品线。在前一阶段的基础上，本阶段更加注重实战性、专业性。作品包括华尔街最赚钱的自营交易公司 SMB 资本创始人迈克·贝拉菲奥雷（Mike Bellafiore）的《优势策略交易》（*One Good Trade*）；从业长达 36 年的资深交易员戴维·H. 魏斯（David H. Weis）的《找准下一个买卖点》（*Trades About to Happen*）以及舒尔策资产管理有限公司的创始人乔治·舒尔策的《秃鹫投资》（*The Art of Vulture Investing*）等权威作品。

第三阶段，中资海派将联手约翰·威立国际出版公司和彭博财经出版社协力打造彭博金融系列（Bloomberg Financial Series）。本阶段不仅涵盖艾略特波浪理论、蜡烛图等技术分析与图表解读，更有期权、产权市场等全球前沿的实战权威著作。

中资海派已引进和已出版该系列中的图书有：

“成长股价值投资之父”菲利普·费雪（Philips A.Fisher）的《费雪论成长股获利》（*Paths to Wealth though Common Stocks*）；

深谙“投资中的人性”的顶级财经作家贾森·茨威格（Jason Zweig）所著的《格雷厄姆的理性投资学》（*Your Money and Your Brain*）；

先锋集团（Vanguard Group）创始人约翰·博格（John Bogle）的《投资稳赚》（*The Little Book of Common Sense Investing*）；

美国晨星公司的证券研究部主管帕特·多尔西（Pat Dorsey）所著的《寻找投资护城河》（*The Little Book That Builds Wealth*）；

价值投资之父格雷厄姆真传弟子克里斯托弗·布朗（Christopher Browne）所著的《价值投资》（*The Little Book of Value Investing*）；

股神巴菲特的嫡传弟子，自 1980 年以来一直从事金融分析和投资通讯编辑的路易斯·纳维里尔（Louis Navellier）的畅销书《巴菲特的选股真经》（*The Little Book That Makes You Rich*）；

《驾驭股市周期》（*The Little Book of Stock Market Cycles*）的作者，《股票交易者年鉴》主编杰弗里 ·A. 赫希（JeffreyA. Hirsch）将教你如何利用股市周期赚钱；

《牛眼投资》（*The Little Book of Bull's Eye Investing*）作者，《纽约时报》畅销书作家约翰 · 莫尔丁（John Mauldin）教你在动荡的市场中寻找价值，攫取绝对收益和控制风险；

《趋势交易》（*The Little Book of Trading*）作者，交易大师迈克尔 ·W. 卡沃尔（Michael W. Covel）为你揭开藏于幕后的 14 位顶尖交易员的获利故事；

《巴菲特资产配置法》（*The Little Book that still Saves Your Assets*）作者，摩根士丹利创始人戴维 ·M. 达斯特（David M.Darst）教你巴菲特资产配置的艺术；

《100 倍超级强势股》（*Insider Buy Superstocks*）作者，互联网泡沫破灭后个人投资第一人杰西 ·C. 斯泰恩（Jesse C. Stine）教你直击超级强势股；

《猎杀暴涨黑马》（*The Little Book of Big Profits from Small Stocks*）作者，“华尔街女皇”希拉里 · 克拉玛（Hilary Kramer）教你寻找暴涨型低价股；

《股市获利 11 堂必修课》（*The Little Book of Stocks Market Profits*）作者，投资组合经理米奇 · 扎克斯（Mitch Zacks）教你战胜市场的 11 个策略等。

中资海派已引进和即将出版该系列的图书有：

Visual Guide to Elliott Wave Trading

Visual Guide to Candlestick Charting

Visual Guide to Chart Patterns

Visual Guide to Options

Visual Guide to ETFs

Visual Guide to Municipal Bonds

Equity Market and Portfolio Analysis

另外，“财智赢家”书系还收录了众多长销经典投资著作：

“成长股价值投资之父”肯·费雪（Ken Fisher）的《暴利不会忘记，但你却忘记了》[*Markets Never Forget(but people do)*] 和《下一个暴富点》（*Markets Never Forget*）；

欧洲证券教父大投机家安德烈·科斯托拉尼（Andre Kostolany）的《股市神猎手》（*Kostolanys Wunderland von Geld undBörse. Wissen, was die Börse bewegt*）和《一个大投机家的告白》（*Kostolanys Börsenpsychologie*）；

著名投资公司总裁乔治·舒尔策（George Schultze）的《秃鹫投资》（*The Art of Vulture Investing*）；

投资组合创始人李·芒森（Lee Munson）的《打败操盘手》（*Rigged Money*）；

美国投资市场的“亚当·斯密”亚当·史密斯（AdamSmith）所著《金钱游戏》（*The Money Game*）。

除了“财智赢家”外，“iHappy 投资者”还推出以下书系：

Smart 智富

该书系主要收录诸多全球投资新秀的最新投资理念图书，对国内的投资者极具借鉴和指导意义。另外，本书系还将带你漫步金融史和投资史，为你找到隐藏在股市起伏与经济荣衰中的密码。

百万富翁教室

该书系主要为都市白领阶层提供理财书籍，内容简单实用，风格平易近人。如果灵活运用书中的方法并持之以恒，即使你目前收入不高，终有一天也能跻身百万富翁的行列。

凯恩斯口袋

该书系聚焦国内外经济大环境，紧跟政治经济发展趋势，收录各路名家的经典理论和通俗实用的佳作。你不仅可以从这些书中了解整体政治经济环境，更能从中找到投资机会，在享受阅读乐趣的同时轻松赚钱。

以上三大书系已出版和即将出版的图书有：

迈克尔·莫布森（Michael J. Mauboussin）的《反直觉投资》（*More Than You Know*）；

史蒂芬·列维特和史蒂芬·都伯纳 (Steven D. Levitt and Stephen J. Dubner) 的《魔鬼经济学》（*Freakonomics*）；

安德鲁·利 (Andrew Leigh) 的《魔鬼经济学 2》（*The Economics of Just About Everything*）；

达蒙·维克斯（Damon Vickers）的《不懂美元，还敢谈经济》（*The Day After the Dollar Crashes*）；

乔治·马格努斯（George Magnus）的《谁搅动了世界》（*Uprising*）；

安德鲁·哈勒姆（Andrew Hallam）的《拿工薪，三十几岁你也能赚到 600 万》（*Millionaire Teacher*）；

韩国理财师高敬镐的《上班赚小钱，四本存折赚大钱》；

戴维·沃尔曼（David Wolman）的《无现金时代的经济学》（*The End of Money*）；

罗伯特·H. 弗兰克（Robert H. Frank）的《达尔文经济学》（*The Darwin Economy*）；

肯尼斯·波斯纳（Kenneth A. Posner）的《围捕黑天鹅》（*Stalking the Black Swan*）；

桑迪·弗兰克斯(Sandy Franks)和萨拉·农纳利(Sara Nannally)的《野蛮人的猎金术》(*Barbarians of Wealth*)；

盖·罗森（Guy Lawson）的《章鱼阴谋》（*Octopus*）；

兰迪·盖奇(Randy Gage)的《白手创业亿万富翁的财商笔记》(*Risky Is the New Safe*)；

克丽丝特尔·佩因（Crystal Paine）的《有钱人穷的时候都在做什么》(*The Money Saving Mom's Budget*)；

罗杰·詹姆斯·汉密尔顿(Roger James Hamilton)的《富定位，穷定位》(*The Millionaire Master Plan*)；

世界银行经济学家查尔斯·肯尼(Charles Kenny)的《理性的繁荣》(*The Upside of Down*)；

IMF中国处前处长埃斯瓦尔·S.普拉萨德(Eswar S. Prasad)的《即将爆发的货币战争》(*The Dollar Trap*)。

为了适应市场发展需求，中资海派成立了“iHappy投资者”系列图书专家委员会，诚邀国内相关领域的权威、专业人士，拨冗推荐该系列图书，并在编辑加工图书的过程中提出宝贵意见。

已经加入“iHappy投资者”系列图书专家委员会的成员有(排名不分先后):

英大证券研究所所长　李大霄

深圳市东方港湾投资管理有限责任公司董事长　但斌

《中国证券报》金牛基金周刊副主编　杨光

《黑化》《财富创始记》作者，财经作家　范卫锋

《新金融观察》报副主编、《新领军者》杂志主编　刘宏伟

上海牛熊行为金融研究所创始人、首席研究员　艾经纬

《理财》杂志社社长兼总编　解鹏里

《理财》杂志执行总编　王再峰

“Fortune & You，财富智慧你的魅力与幸福”课程创办者　毛丹平

银河证券首席策略分析师　孙建波

新浪财经博客点击量超9亿、首席理财分析师　凯恩斯

和讯网常务副总编辑　王正鹏

价值中国网总裁　林永青

深圳市前海金融创新促进会秘书长、《新金融》杂志总编　徐景权

招银国际资产管理投资董事、中国上市公司市值管理研究中心学术顾问　郑磊博士

深圳久久益资产管理有限公司总经理、上海交通大学高级金融学院职业导师　宋三江

新浪博客点击量第一、“2009年度最受欢迎财经博客百强”得主、著名股票博客博主　徐小明

上海天钧资产管理合伙人　刘乃达

在股票市场中获得回报的最好方法是，一如既往地投资，长时间保持投资的状态。匆匆完成的当日交易太不稳定，风险太高，他们实际上不能获得长期财富。你必须怀着坚强的意志看待眼前的波动，并坚信长期投资就能获得丰厚的回报。

米奇·扎克斯

扎克斯投资管理公司 资深投资组合经理

在股票市场上获利是每个投资者的终极目标。如果一个人能稍稍战胜市场，那么他在长期中赚钱的概率就大大增加了。你需要学习米奇·扎克斯的11堂课，运用他在书中提到的11个简单易行的优势策略，超越市场平均收益率，最终在股票市场上获利。

黄　河

中资国际投资有限公司　董事长

扎克斯市场中性基金（ZMNAX）被《华尔街日报》评选为“分类之王”

2012 年 7 月 17 日，《华尔街日报》将扎克斯市场中性基金（ZMNAX）列入“分类之王”排名。截止到 2012 年 6 月 29 日，ZMNAX 最近 1 年在全部 81 个市场中性策略基金中排名第一。

ZMNAX 致力于产生积极的回报，不管股票市场上涨还是下跌。ZMNAX 同时投资多头头寸和空头头寸，寻求最小化投资组合在股票市场中的风险敞口。

“很荣幸被《华尔街日报》评选为‘分类之王’。ZMNAX 对于我们的财富管理客户的投资组合发挥了重要作用。我们经验丰富的投资组合经理发展出了历经时间考验的投资模型，同时扎克斯的收益估计修正研究取得了实质性的成果，”扎克斯投资管理有限公司总经理罗伯特·R. 库尔顿说。

ZMNAX 可能适合于以下投资者：

- 寻求独立于股票市场走向的回报

- 寻求与传统股权和固定收益投资低关联度的投资组合
- 寻求潜在风险低于大多数股权投资的基金

分类之王排名基于总计的收益，包括资本增值、再投资分布、净基金费率和基金发行前的费用。收益还反映了费用减免的影响，这无非减少了基金的收益。过去的表现不能保证将来的业绩。

ZMNAX 的投资可能遭遇风险，包括安全地建立空头头寸的风险，你可能在投资中亏损。更多投资 ZMNAX 的风险信心，请查阅基金的招股说明书。

为了安全地建立空头头寸，基金必须首先从经纪人或者其他机构手中借入证券。基金并不总能在特殊的时点或者合适的价格借入证券或者卖出空头头寸。如果做空的范围内借入证券的价格上涨，或者基金更换了更安全的证券，基金可能遭受损失。

ZMNAX 属于分散式投资，Grand Distribution 服务有限责任公司为其提供服务。

关于扎克斯投资管理公司

扎克斯投资管理公司是扎克斯投资研究公司的全资子公司。扎克斯投资研究公司是美国最大的独立股权研究提供者之一。

扎克斯管理着几个共同基金，采取积极的管理方法，严格遵循系统性的过程控制。扎克斯的核心理念是，每个公司的股价基于盈利预期。通过跟踪分析师的盈利估计修正，扎克斯找到了从将来的价格运动中获利的方法，为他们的股东创造了超额的潜在回报。访问 www.ZacksFunds.com 获得更多信息。

权威推荐 | The Little BOOK Of Stock Market Profits

伯顿·G.马尔基尔（Burton G. Malkiel）

《漫步华尔街》（*A Random Walk Down Wall Street*）作者

米奇·扎克斯用谦逊的态度、令人愉快的方式，向大家呈现了一些很好的常识性建议。

查尔斯·罗特布拉特（Charles Rotblut）

CFA，美国个人投资者协会副主席，《优秀比走运更重要》作者

米奇·扎克斯为许多流行的选股策略作出了很好的阐释，向你证明哪些是有效的，哪些是无效的。凭借研究和实际数据，扎克斯解释了哪些策略有效以及什么时候一项好的策略可能不是那么好。不论你是一个价值交易员、成长股交易员，还是动能交易员，这本书都将帮助你获得利润。

史蒂文·M. H. 沃尔曼（Steven M.H. Wallman）

Foliofn公司CEO

米奇·扎克斯为那些试图控制投资未来的有思想的投资者，展示了一场引人入胜的适时策略和投资组合的盛宴。他的这本书将研究、基本原理、常识、例子和经验丰富的专家观点糅合了在一起。

杰弗里·A.赫希（Jeff A.Hirsch）

《股票交易者年鉴》（*Stock Trader's Almanac*）总编辑

米奇·扎克斯解释了多种策略的利与弊，阐述了为不同方法奠定基础的迷人研究。对于自己动手的投资者来说，这本书是一本极好的书，可读、容易理解而且充满永恒的智慧。

目　录

战胜市场，从 11 条法则开始

有个老笑话是这么说的：在股票市场中小赚一笔钱的最佳方法是以一大笔钱开始的。2008 年金融危机以来，市场出现剧烈波动和急速衰退，目前可能许多投资者都会对股票投资十分谨慎，这完全可以理解。

在美国主权信用评级出现历史性下调后，市场承受了巨大压力，这使得股权投资不再是热门话题。许多学者声称，市场萎靡反映了美国衰退。于是，一些人将目光移向东方，将脑袋埋进沙中，寻找一种闪闪发光的石头——黄金。这些事出有因的消极情绪对投资者来说实际上是好消息。现在，股票很廉价。

股票市场提供了丰厚的回报

股票很可能是一项好投资，这种情况并不是第一次出现，也不会是最后一次出现。事实上，自从第二次世界大战以来，美国股市的年化收益率比短期国库券大约高 6%。

尽管美国股市历经重重障碍，但还是产生了收益。在过去 60 年中，我们目睹了“冷战”、古巴导弹危机、越南战争、朝鲜战争、20 世纪 90 年代经济滞涨和石油危机、“水门事件”、两位数利率、1987 年股市崩盘、20 世纪末互联网泡沫破裂、房地产崩盘、2008 年金融危机以及重大政治变革等历史事件。在这些历史事件构成的重重障碍面前，美国股市依然稳步前行。新问题在未来一定会层出不穷，并且和过去经历的问题同样重要，但正如历史上发生过的那样，我有信心战胜它们。

在股票市场中赚取收益的最好方法是，一如既往地投资，长时间保持投资的状态。匆匆完成的当日交易太不稳定，风险太高，他们实际上不能获得长期财富。

股票投资的关键是，不要在获得收益时太过兴奋，也不要在抛售时太过失望。保持头脑清醒是获得实际回报的必要条件。

你必须怀着坚强的意志看待眼前的波动，并坚信长期投资就能获得丰厚的回报。

基于相关学术研究，本书探讨了如何在股票市场中积累长期财富，并帮助投资者找出超越股市波动性、谨慎驾驭股票市场的投资策略。本书的每一章都将讨论一种选择股票的方法，被选择的股票可能产生 α，即被专业投资者计入基金回报的数字。α 是投资业务中的白鲸，专业投资者穷极整个职业生涯都在搜寻的东西。显而易见，搜寻 α 就是在寻找一种选择股票的方式，寻找那些能带来超额收益的股票。对 α 的搜寻不是试图在股票市场中发现免费的午餐，而是运用统计的艺术，识别那些能够战胜市场的股票。

本书定义并分析了被金融研究员普遍证明的方法，这些方法有助于投资者早日找到 α。本书是近 20 年 650 篇研究文献的结晶，这些文献被归纳在《股票市场异象手册》（*The Handbook of Equity Market Anomalies*）中。为撰写本书，我翻译并整合了近年来股票投资最前沿的学术研究。作为一个投资组合经理，我将这些研究与自身积累的经验和见解结合了起来。

下一个十年，精明投资者的午餐

如果被正确地执行，本书可以帮助你战胜市场。以下是每章的内容纲要：

- 第 1 章探讨了在投资过程中，怎样最有效地使用卖方分析师的荐股评级。答案违反直觉，但非常有力。
- 第 2 章提出了一个问题，即将投资组合向小盘股倾斜是否讲得通。结果有异于传统观点。
- 第 3 章解释了盈利预测如何产生 α。把盈利预测修正作为捕获 α 的一个来源，我已经这样做超过 15 年了，我坚信这样做非常有效果。
- 第 4 章考察了价格动能是否能够被用来识别那些将战胜市场的股票。新的研究指出，如果你没有遭遇衰退时期，价格动能可以成为一种非常有效的工具。
- 第 5 章论述了骑肩行为。我们研究了内部人士的骑肩行为是否能够提高回报。这看上去似乎很合理。如果一家公司的 CEO 买入了他家公司的股票，也许你也应该跟进。

- 第 6 章讨论了净股票发行活动（Net Stock Issuance Activity）的信号传递效应。我们希望，在这一章结束之后，你会同意格劳乔·马克斯（Groucho Marx）的观点，拒绝主动找到你的 IPO，而拥抱那些从事股票回购的公司。
- 第 7 章证明了关注公司利润的质量可能获得超额回报。这里最大的挑战是，这些回报会不会被专业投资者的套利行为给弄没了。
- 第 8 章解释了在搜寻 α 型股票时，估值指标的重要性。在这方面，格雷厄姆和多德的观点似乎尤其具有预见性。
- 第 9 章聚焦于一种称为“盈余公告后价格漂移”（Postearnings Announcement Drift）的现象，并解释了投资者怎样在风险可控的情况下，利用意外盈余获得超过预期的回报。
- 第 10 章考察了周期性择机策略是否能战胜市场。一般说来，我倾向于对市场择机策略持怀疑态度，但期货交易员可能更青睐这种策略。
- 第 11 章也就是最后一章，探讨了那些能够产生超额回报的多因素模型的构建。其中一种多因素模型适用于成长型股票，另一种则对价值投资来说更加合适。

读完本书后，我希望你能明白你有多种方法来战胜市场。更大的希望在于，下一个十年将被证明是运用这些方法的好时机。

几乎可以确定的是，在整个国家和市场都呈现出消极气氛的情况下，下一个十年进入股票市场并长期持有股票的精明投资者将会获得很好的回报。我相信这非常有可能，那就是下一个十年的股票回报将超过过去十年的股票回报，因为无论从哪个层面衡量，过去十年对于股票市场来说都称得上可怕。

阅读本书后，你将发现两件事。第一，尽管市场非常有效，但它还是有一些无效的时候，投资者可以利用这些无效时期来获得超额回报。第二，为了获得超额回报，投资者必须极端有耐心。你将发现那些能够捕获 α 的投资策略有很长一段时间跑赢大盘，也有很长一段时间弱于大盘。

这本书将向那些拥有知识并且意志坚定、能够坚持到底的人证明，超额回报并非遥不可及，获得超额回报是可能的。让我们开始吧。

第1章

荐股评级

华尔街的水晶球

芝加哥有两支棒球队，白袜队和小熊队。白袜队进驻南部的贫民区，小熊队位于北部的富人区。假如这两支球队在跨联盟比赛中相遇。不论你是小熊队的铁杆“粉丝”，还是对白袜队了解颇深，预测哪支球队会获胜都极为困难。

The Crystal Ball of wall Street

THE LITTLE BOOK of STOCK MARKET PROFITS

路易斯·纳维里尔 (Louis Navellier)
著名成长股投资大师
经典作品《巴菲特的选股真经》作者

在投资领域，如果你问一位基金经理，也就是那些非指数化基金的经理，他们的投资业绩是否能超过市场大盘，他们肯定会斩钉截铁地回答你："当然"。

不管他们总是声称自己有多么出类拔萃，还是在投资领域无所不能，我们都知道，在任何一个既定年份，只有不到一半的基金经理能超过市场大盘，而且随着周期的延长，这一数字还将进一步减小。我们还喜欢通过别人的嘴，尤其是所谓的专家，来验证自己的观点。我们都会不遗余力地搜寻那些支持自身观点的信息、数据和分析。如果想把这些偏见放大成现实，只需要告诉那些对股价更悲观失望的人。

1

未来很难预测。想想那些你为了消遣而做的一些分析吧，比如当地的运动队。芝加哥有两支棒球队——白袜队和小熊队。假如这两支球队在跨联盟比赛中相遇。现在，不论你是小熊队的铁杆“粉丝”，还是对白袜队了解颇深，预测哪支球队会获胜都极为困难。不论你认为自己已掌握了多少小熊队的信息，胜负只由分差决定，与你无关。

与预测棒球赛结果类似的情形是，投资者试图战胜市场。某只股票从基本面看或许值得购买，但实际情况已经隐藏在股票的价格中了。如果你想买一只跑赢大盘的股票，你最好找一只还未被各种信息影响的股票。经纪公司的股票分析师就是做这类事情的。

投资者使用股票分析师成果的第一种方式，就是听从职业经纪人的股票建议进行交易。如果经纪公司的股票分析师发布了买入评级，投资者就会购买那只股票。被推荐买入的股票有时会上涨，有时又会下跌，这谁也不能保证。或许，职业经纪人会提供一系列预见性的建议。然而，更有可能的是，他们的建议往往不会带来意外之财。于是，投资者开始思考这个问题：这种结果是因为经纪人和股票分析师，还是因为自己是经纪公司的次要客户？研究基于荐股评级的投资策略时，这个问题是我们需要关注的核心内容。

投资者误读研报

马特是华尔街某经纪公司的分析师，完成某顶尖大学 MBA 课程已 10 年有余。从商学院毕业后，马特就开始跟踪 10 只企业软件行业的股票。不同于那些为共同基金工作的分析师和对大量股票都了如指掌的专业人士，马特是企业软件领域的专家，全美像马特这样的人可能只有五六个。

一年一度的新财富最佳分析师排名，一直深受广大投资者的关注。中金公司、瑞银证券、高盛高华和申银万国的海外研究最具有实力，海通证券、国泰君安，中信证券、银河证券在国内最具有影响力。不管是宏观分析师、固定收益分析师、策略分析师和金融工程分析师，还是各个子行业的分析师，尤其是当中的明星分析师，其一言一行都对整个资本市场产生巨大的影响。

马特所有的时间都花在他跟踪的公司上：与公司的高管会面，分析行业趋势，预测谁会成功等。他经常与目标公司的股东讨论企业的前景，并将公司的发展现状纳入研究报告中。

马特撰写的研究报告通常包含五部分：

- 预测公司在今后两年获得的每股收益；
- 预测公司在今后五年的预期盈利增长率；

- 投资者应该买入、持有或者卖出该股票的荐股评级；
- 预测该股票明年的目标交易价格；
- 得出这些结论的过程和依据。

马特的报告通常还包含一张财务预测表，而财务预测表是以上盈利预测的根据。报告可能只有几页，也可能是一篇简短的论文，或者是半年度的总结性作品。

这些研究报告接着会由经纪公司提供给投资者，以换取交易收入。这意味着通过经纪公司执行交易的散户投资者，可以获得所有权归经纪公司的股权研究。

然而，许多散户投资者并没有真正花时间和精力去阅读这些报告。相反，他们更加倾向于将精力集中在报告的荐股评级上，并不假思索地听取报告的建议。不幸的是，这实在不是使用这些研究的最佳方式。

依据荐股评级构建组合，可行？！

荐股评级的目的是，将分析师的基本面研究归纳成一条具有操作性的建议。是否买入、持有或者卖出一只股票？很遗憾，问题的答案不总是那么清晰。如果你想要注释版的话，下面是一个提示：关注那些在小盘股上有良好记录的分析师给出的荐股评级的变化。

通过告诉投资者哪些股票要买入哪些该卖出，美国的股票分析师每年的收入超过70亿美元。在最基本的层面上，股票分析师的工作必定有一些价值，否则那些投资银行不可能支付他们酬劳。学术研究似乎也得出结论：分析师的荐股评级在某种意义上是有用的。

一些公司跟踪调查了分析师的荐股评级和相应股票的市场表现，我服务的扎克斯投资研究公司（Zacks Investment Research）就是其中之一。事实上，我们是美国第一个开始追踪分析师荐股评级的公司。因此，我们的荐股评级数据库有着全球最长的历史，可以追溯到20世纪80年代。

扎克斯投资研究公司的研究表明：

- 分析师荐股评级的变化可以带来收益。其中的关键是分析师在改变他对一只股票的观点时是否向市场传递了新的信息。
- 基于荐股评级的策略，交易成本会大幅度地降低。
- 分析师荐股评级的变化能更好地运用于市值小的公司。
- 投资者可以将荐股评级的变化与其他标准结合使用，获取更大的收益。
- 相比较于其他分析师，有些分析师对股票价格的影响会更大。至于选择追随哪位分析师，最好的方法就是追踪他以往的荐股评级准确度。

经过大约20年的研究，我们大致可以得出这样的结论：如果投资者将精力集中于荐股评级的变化而不是荐股评级本身的话，分析师的荐股评级似乎可以带来额外收益。所以，重要的情形是分析师最近对荐股评级作了哪些改变，而不是他在这6个月强烈推荐了哪只股票。

一个最简单的投资策略就是基于分析师的推荐构建投资组合。也就是说，买入分析师推荐你买入的股票，卖空分析师建议你卖空的股票。这样做的基本假设是，分析师的荐股评级有一定预测能力，分析师推荐买入的股票将跑赢大盘，建议卖空的股票将弱于大盘。

例如，在每个季度，你将分析师的荐股评级中的所有股票分成两组。第一组是分析师最看好的 10% 的股票，第二组是分析师最不看好的 10% 的股票。接着你买入并持有这两个投资组合一个季度的时间，然后在下一个季度根据新的数据再次构建投资组合。数据显示，1990—2010 年，这 21 年中有 14 年的时间，分析师最看好的那一篮子股票的表现优于最不看好的那一篮子股票。做多分析师推荐买入的股票，做空分析师指出应该卖出的股票，这种策略在 1990—1997 年都是有效的。但 1997 年之后，这一策略失效了。

接下来让我们重复上面的实验。这一次的分组标准是本季度最后一个月中荐股评级的变化，而不是荐股评级的内容。

较好的投资组合由上个月荐股评级上调幅度最大的前 10% 的股票组成，而较差的投资组合由上个月荐股评级下调幅度最大的后 10% 的股票组成。在这种情况下，1990—2010 年这 21 年中有 19 年的时间，荐股评级上升幅度最大的那一篮子股票的表现优于下调幅度最大的那一篮子股票。

当拉近构建投资组合的时间与荐股评级变化的时间时，结果更有说服力了。研究表明，调整频率，按照荐股评级的变化组合一篮子股票的时间间隔，从月变成周时，回报显著提高，而当调整的频率变成日时，回报再次提高。数据显示，基于荐股评级的策略产生的回报率会随着时间的推移而变动，并对交易成本的依赖性极高。

实际上，不管哪一年，使用基于荐股评级的策略都非常冒险。这意味着，从数据上说，这种关注分析师荐股评级的变化的策略，随着时间的推移将产生高于市场的回报，但与简单的买入并持有策略相比，它的可控性非常有限，没有人知道它会产生正的回报，还是负的回报。鉴于这种不稳定性，我们在使用基于荐股评级的策略时，以年度而非月度作为一个完整的市场周期似乎更合理。

佣金，交易成本的冰山一角

基于荐股评级的策略与交易成本紧密相关。交易成本可以分解成四个主要的类别：

- 佣金；
- 买卖价差；
- 价格冲击；
- 流动性成本。

交易成本首先是投资者在交易股票时必须支付的佣金。就算是通过网上折扣经纪公司买入一只股票，你也要支付单一比例佣金。例如，不管你选择哪一家网上经纪公司来做一笔交易，你都要支付9.99美元。

机构投资者也要支付佣金，只是收取的方式不同——按成交金额支付。目前，机构投资者的佣金正不断减少，并已出现一股股票佣金不到1美分的情况。

然而，佣金仅仅是股票交易成本中的冰山一角，买卖价差、价格冲击和流动性成本是交易成本的大头。如果将交易成本的整座冰山都纳入考量、而不仅仅将眼光放在露出水面的佣金时，你就会清晰地意识到，基于荐股评级的交易策略应该压缩交易量或者交易频率到最小值。

交易费用是投资者在委托买卖证券时应支付的各种税收和费用的总和，通常包括印花税、佣金、过户费、其他费用等几个方面的内容。2008 年 9 月 19 日，印花税调整为单边征收，只对卖方征收 1‰。证券公司的佣金逐渐降低，默认为 3‰。受互联网券商影响，平均佣金达到 0.25‰，甚至更低。2015 年 8 月 1 日起，沪深证券交易所收取的 A 股交易经手费调整为按成交金额 0.0487‰双边收取，中国证券登记结算公司收取的 A 股交易过户费调整为按照成交金额 0.02‰双向收取，降幅达 30%。

最近一项有关基于荐股评级的交易策略的研究显示，如果交易者只买入那些拥有最高荐股评级的公司，就可以获得 9.4% 的年化回报率。然而，在考虑交易成本之后，超额的年化回报率不幸地下降到了 -3.1%。

将交易成本纳入荐股评级的价值研究非常具有争议性，因为大家尚没有对交易成本应包括哪些内容达成共识。由于信息技术的进步，交易成本倾向于随着时间的推移而降低。例如，在 2002 年买入同样数量股票的交易成本会低于 1982 年的交易成本，但又高于 2010 年的交易成本。此外，基于荐股评级的投资策略到底能产生多少回报也尚不确定。事实上,尽管用来构建投资组合的标准没有变化，但投资结果却年年摇摆。因此，纯粹基于荐股评级的策略，就算严格控制风险，其回报率也低于其他投资方式。

实际上，所有基于荐股评级的投资策略的相关研究都指出，这一策略的超额回报集中发生在小公司。这里说的大小指的是公司的市值或者股权的总价值。通常，跟踪小公司的分析师数量不会很多，但总有特殊情况。

为什么小盘股能更好地回应荐股评级的变化？一个可能的原因是，市场对于小公司来说并不那么有效，小公司的信息数量也更加有限。另一种可能性是，交易小公司股票会产生更高的交易成本，这影响了机构投资者交易小盘股的频率和数量，这样由荐股评级的变化产生的超额回报没有被侵蚀。基于荐股评级的交易策略时，绝大部分投资都似乎在小盘股中能产生更好的效果。问题的关键在于对交易成本调整后，超额回报能否继续保持。

挑战行为偏差

为了获得更高收益，我们可以试着将荐股评级和其他基本面的数据结合起来。例如，一项最新的研究显示，在买入一只拥有正面的荐股评级的股票后，如果你同时运用其他要素，如高价格动能、有吸引力的估值乘数和高盈余等，你将有可能获得更高的超额回报。此外，考量其他基本面的标准后，你就可以减少基于荐股评级策略的交易量了。如果一只股票的估值乘数有吸引力，那么这一估值乘数至少在几个季度内都是有吸引力的。荐股评级的变化带来的吸引力则更加短暂。一只股票的荐股评级不可能一个季度接一个季度持续地大幅度上调，因为分析师持续两个季度推荐买入这只股票后，其荐股评级就没有上调的空间了。

有趣的是，荐股评级的乐观情绪会因为价格和盈利动能的增加而增加。也就是说，对于那些股价上涨且盈利强势增长的公司，分析师更可能给出更高的荐股评级。如果分析师只关注估值，情况或许就会相反。另一个关于价格动能导致荐股评级上调的原因是，荐股评级的上升经常与较低的估值指标相联系。

这意味着动态型的股票和价值高的股票更可能获得分析师高的荐股评级。因此，很多归因于分析师荐股评级研究的结论可能只是价格动能异象产生的结果。为了分辨到底是荐股评级的作用还是价格动能的影响，许多研究者构建了模型，将价格动能的预期回报融入其中。买入纯粹由价格动能决定的股票或许不坏，但这对交易量有较高要求，且必须持有较短的时间。**我相信，基于荐股评级的策略应该与基本面估值结合使用。否则，投资者很可能仅仅买入一只正在流行的动态型的股票。**

此外，在股价大幅上涨后，分析师似乎既可能上调荐股评级，也可能下调荐股评级。然而，在股价大幅下跌后，分析师更可能下调荐股评级。

当获得收益时，投资者倾向于规避风险。当亏损出现时，投资者甘愿承担更大风险。散户投资者在亏损时，这种行为偏差使他们愿意承担更大风险。因此，当股票大幅下跌时，个人投资者往往反应不足，甚至他们会因为不想面对损失而继续持仓。

投资者基本上会在亏损时提高风险系数。当股价低于购买价时，他们更可能继续持有这只股票。为了纠正这一偏差，听从股票分析师的意见可能会有所帮助。实际上，在股价大幅下跌后，听从下调的荐股评级而卖出这只股票，可能会帮助投资者战胜行为偏差。

评级下调更重要

一些最新的研究同样显示，那些有着良好荐股评级历史的分析师，更有可能发布表现更好的荐股评级。我在研究某一交易策略后发现，如果一位分析师上季度的荐股评级中，乐观倾向的前 10% 的股票都表现良好的话，那么在这一季度跟踪这位分析师的投资者更有可能获得超额回报。因为，那些表现不错的分析师似乎会将乐观情绪持续两个季度。之所以这样，有可能是潜在的价格动能，也可能是分析师占据了信息优势。

进一步的研究显示，那些与其所跟踪公司的董事会成员就读于同一所大学的分析师的荐股评级往往更加准确。然而，这一研究结果是在公平披露规则（Reg FD）通过之前得出的，其实用性现在有待商榷。公平披露规则要求上市公司在同一时间以新闻发布会的形式，向所有人披露影响市场走势的信息，这有效限制某些分析师的信息特权，有助于建立公平竞争的市场环境。公平披露规则通过后，所有分析师都只能在同一时间获得同样的信息。

到底是谁在使用分析师的荐股评级？很明显，个人投资者和机构投资者都会积极响应荐股评级公告。**对数据进行进一步剖析可以发现，个人投资者对上调的荐股评级的反应更积极，而机构投资者倾向于更多地关注荐股评级的下调。**道理不难理解，因为一般来说，荐股评级上调后，经纪公司的销售人员就会有更多弹药来引诱更多的人买入某只股票，而荐股评级下调只能引起那些已持有这只股票的投资者的兴趣。

在中国，机构投资者主要指证券投资基金（公募基金和私募基金）、证券公司、保险公司、社保资金和中央汇金公司等。相比于欧美成熟的资本市场，中国散户的数量过多，机构投资者不足。上海证券交易所 2012—2014 年统计年鉴显示，2011—2013 年散户持有的市值平均为 20.7%，机构投资者持有的市值平均为 15.6%，散户持有市值高于机构投资者。值得注意的是，1 000 万以上的自然人持有市值比例仅为 2.6%。此外，散户在交易额中所占比例高达 80% 以上，机构投资者仅为 15%。

个人投资者和机构投资者对不同荐股评级的差别反应，使荐股评级的下调更具信息含量，因为这影响了那些经验更丰富的投资者。这种结果背后的原因很简单，机构投资者往往比个人投资者更富有经验。因此，个人投资者应该模仿机构投资者的交易行为，并将更多的注意力放在荐股评级下调上，而不是相反。也就是说，个人投资者更应该重视的是，分析师是否下调而不是上调了一只股票的荐股评级。

一些研究显示，当荐股评级公开发布时，机构投资者的交易量会上涨。这表明荐股评级的变化对机构投资者来说很重要。净效果（Net Takeaway）是什么呢？荐股评级确实推动了市场，机构投资者会根据荐股评级的变化进行交易，并且下调比上调更加重要。

此外，对分析师的荐股评级进行交易是一种全球性的机会。在七个重要市场检验运用荐股评级数据的效力后发现，美国和日本的荐股评级的变化最有利可图。在法国和加拿大同样发现了积极的成果。在印度、巴西和澳大利亚，荐股评级的变化产生的价值有限。几乎所有的国际研究都证实了，在美国的股票市场上，荐股评级的变化远比荐股评级重要。

小结

怎样看评级数据？

如何在投资过程中使用荐股评级数据？请考虑以下事实：

- 荐股评级的变化远比荐股评级重要。
- 荐股评级下调比荐股评级上调重要。
- 基于荐股评级的变化的投资策略用在小盘股上更加有效。
- 荐股评级的变化应该与基本面的数据结合使用，减少交易成本获得更高回报。

以上事实与交易成本测试结果表明，尽管追踪荐股评级的变化能够产生超额回报，但这一策略最好与其他方法结合使用。关注荐股评级的变化看上去是一种有效的投资方式，但它被高交易量困扰，这种高交易量一不小心就会极大地侵蚀回报。在之后的章节中将会提到，我们没有必要冒那么大风险，因为还存在其他更有效的策略。另外，将荐股评级和其他策略结合使用，有利于减少交易量。

例如，一项基于 3 000 只大盘股的测验证明，在一个投资策略中同时考量荐股评级的变化和估值指标，有利于作出力量更大和回报率更高的决策。如果我们按季度调整投资组合，并将荐股评级的变化和估值指标结合起来，我们就会发现可以在一个相当合理的交易量水平上获得超额回报。

第2章 市值管理

小盘股意味着高回报?

芝加哥大学罗尔夫·班茨每天编写电脑程序，把数据库中的股票按市值分成五个组，然后观察每组股票在第二年的表现。他发现了惊人的秘密：市值最小的那一组股票的年化回报率几乎比市值最大的那一组高 5%。

Size Matters

THE LITTLE BOOK of
STOCK MARKET PROFITS

希拉里·克拉玛（Hilary Kramer）
实战型畅销书《猎杀暴涨黑马》作者
专注于投资低价暴涨股超过 30 年

很多投资机构，包括共同基金和养老金基金都禁止持有 10 美元以下的股票。于是，这些机构的研究部门不再关注低于 10 美元的股票，分析师也不再跟踪它们，这类股票总是被忽视。华尔街总是把个位数价位的股票视为一座葡萄园，途经此地时最好迅速逃离。

我认为这种做法不正确，普通投资者可以利用这个错误观点获利。如果普通投资者能够正确投资低价股，就相当于他们拥有了华尔街不具备的优势。华尔街对这些股票的厌恶让我们拥有了属于自己的最佳狩猎场。

2

如果你问任何一个 MBA 学生，选择一只跑赢大盘的股票的方法是什么？他会告诉你，一个可靠的方法就是买入小市值股（或小盘股）。过去 30 年来，学生们都被教导说，一篮子低市值股票产生的回报率将大于一篮子大公司股票产生的回报率。

究竟什么是“小盘股”，什么是“大盘股”？好吧，让我们从这个问题开始：什么是市值？市值是股票市场认为一个公司值多少钱。市值＝当前每股价格 × 发行在外的总股数。绝大部分公司把市值作为等级划分依据，所以知道不同的指数怎样定义市值类别很重要。通常，小盘股指市值低于 20 亿美元的公司，大盘股指市值高于 100 亿美元的公司。

标准差：衡量风险和收益

当分析小盘股和大盘股时，我们需考虑两个元素：回报率和风险。回报率的部分相当直白。尽管一篮子小盘股产生的回报率可能不会每年都超过一篮子大盘股产生的回报率，但平均而言，随着时间的推移，持有小盘股将赚取更多的钱。这一现象首次被证明是在 1981 年，研究者是芝加哥大学的年轻教授罗尔夫·班茨（Rolf Babz）。

班茨的工作是编写电脑程序，并借此程序将数据库中的股票按市值大小分成五分位数或者五个组。然后，班茨会观察每组股票在第二年的表现，并在年末重新对股票进行分组。

班茨的发现相当令人震惊。他发现，市值最小的那一组股票产生的年化回报率几乎比市值最大的那一组高 5%。紧接着，另一个研究员使用更大的股票样本并根据市值将股票分成十个组，再次证实了班茨的发现。

这是一件非常令人兴奋的事情，因为无论你如何划分并测度股票市值，选择那些看似更小的部分能赢得更多的收益。这也就是学术界的结论：越小越好。不少公司是根据“越小越好”的理念创建的，很多财富也是如此。于是，数十亿美元的养老基金开始在一组成立不久的正在增长的小盘股中寻找新的投资点。人们开始不加选择地买入所有小盘股。大家相信，只要拥有所有无论多么小的小盘股，都将获得更大的回报率。

然后，专业的资产管理行业加速利用这一规律。紧接着，奇怪的事情发生了。越小越好的真理失效了，不是失效了几年，而是在整整 20 年中都失效了。

在之后的 20 年中，小盘股产生的回报率几乎与大盘股相同，但小盘股的风险更高。正如我之前指出的，回报率部分很容易度量：从 1981—2001 年来看，你在大盘股中挣钱更多，还是在小盘股中挣钱更多？

风险部分需要一些解释。股票研究员关于持有股票的风险与投资者对风险的理解有很大差异。风险通常由标准差（Deviation of the Returns）度量，其逻辑对有统计学背景的人来说很好理解，但对一般的投资者而言有些难度。标准差意味着随着时间的推移，实际回报率偏离预期回报率的程度。损失大、回报高的投资策略比产生稳定回报率的投资策略的风险要高。

长期以来，中国的证券市场牛短熊长，波动剧烈。以上证指数为例，其标准差远远高于标准普尔指数。2014 年 6 月以来，股市上演了一场不折不扣的“慢牛”行情，从 2 000 点附近上涨至 5 178 点，直逼 2008 年的高点。2015 年 6—8 月，在不到 2 个月里，上证指数一度下探到 2 850 点。如此上蹿下跳，让投资者的心脏难以承受，特别是利用配资和融资融券来加杠杆的投资者。

以上标准与一般投资者看待风险的方式不同。对绝大多数投资者来说，风险就是坏结果成为事实的概率。事实上，风险不是坏结果确实发生的可能性，而是坏的结果“可能”发生的可能性。例如，当你安全走过一座摇摇晃晃的桥时，其实你也在经受风险，尽管你已经通过了桥到达了彼岸。

问题的关键在于，“可能”无法度量。你无法在 2005 年考察小盘股并问那一篮子小盘股本应该实现多少回报，你能做的仅仅是在事后分析小盘股在 2005 年经历了什么。那么，统计学家度量的风险可以归结为，观察每年是否发生了不同的事情，或者每年是否发生

了同一件事情。关于如何看待世界，仍然是一个巨大的世界难题。

让我们假设你想要对芝加哥白袜队的棒球赛下一些不同寻常的赌注。你相信白袜队的防守很强，并坚信客队和主队获得的总分不可能超过24分。之后，你与拉斯韦加斯一个名叫路易的赌徒打赌：在每一场常规赛中，如果比赛总分没有超过24分，你将赢得100美元，但如果总分等于或者超过25分，你将输掉100 000美元。在这场赌博中，其回报率的标准差不会随着时间的推移而变化，所以其风险是不变的。研究白袜队的比赛历史后，你会发现自己非常有可能在每个常规赛季结束时，口袋里装进16 200美元，并在第七个赛季的第28场比赛之后，就算在下一场中赌输，你也只是输掉之前赢回来的钱而已，你仍然盈亏平衡。这是似乎是一场稳赚不赔的买卖，对吧？

一个赛季接一个赛季，你坐在芝加哥南部的包厢里，吃着热狗、花生，喝着啤酒、可乐，顺便数着手中的钱。然后，在一个炎热加沉闷的夏夜，即2011年8月3日，你听到了一个噩耗，德瑞克·基特和柯蒂斯·格兰德森带领纽约洋基队以18∶7击败了你所钟爱的芝加哥白袜队。第二天早晨，你的老朋友路易打电话过来要钱了。

在上面的假设中，我们发现仅仅考察一个历史阶段回报率的标准差会让你误以为那是一个低风险的赌博。实际上，这跟你在即将被压倒之前赢得几个四分之一场类似：你一直在赚小钱，直到崩盘。

所以说，如果只考察历史结论，而不理解产生回报率的过程的话，风险其实非常难以度量。卖出标普500指数的无担保看跌期权可能获得惊人的风险调整后回报，但这实际上是在赌博。在这场赌博中，虽然输的几率很小，但其产生的负回报将非常可怕，而赢的可能性很高，但正回报也很少。因此，除非可怕的负回报发生，否则这将被当成一个低风险的策略而被历史记录下来。

因此，小盘股能否产生超额风险调整后回报率的问题，只能通过确定为什么小盘股会比大盘股产生更高的回报率来回答。如果你不理解为什么小盘股会产生超过其所承担的风险的回报率，那么你就不知道该相信哪组数据，是 1981 年之前的，还是 1981 年之后的？

避税周期压低股价

随着时间的推移，小盘股可能表现得更好的原因之一与税收有关。大量的证据表明，在很大程度上，美国的小盘股表现得好是因为小盘股的回报率在 1 月结算。这一结论由投资银行家西德尼·瓦赫特尔（Sidney Wachtel）首次提出，他在 1942 年的论文《股票价格周期性移动的一些观察》（*Certain Observations on Seasonal Movements in Stock Prices*）中创造了“元月效应”（January Effect）这一术语。

为什么小盘股在 1 月会产生更大的回报率？或许某些人会说这仅仅是巧合，1 月可能碰巧是小盘股表现好的月份。另一种更合理的解释是，小盘股更可能被个人或者那些需要纳税的实体所持有。大型养老基金大概不会持有大量的市值低于 10 亿美元的股票，个人投资者才会大量持有那些市值较低公司的股票。

这些个人投资者不但想要获得回报率，他们还关心自己的税后回报率。美国纳税周期以年度为基础，所以持有小盘股的个人可能选择在 12 月之前的某个时候抛出股票或头寸，以产生的损失来抵消收益，或者将损失结转到下一年度，减少 4 月份应该缴纳的税金。

真正的小盘股通常是交投稀少的，如果大量的个人投资者在年内亏损，那么小盘股就很可能在新年年初被过度地压低价格。结果，小盘股在上一年表现不佳,而1月出现的税损卖盘进一步将压低股价，于是在这一低价位买入的小盘股获得的回报率将高于市场回报率。

那些将关注点集中在1981年之前的研究，近50%的规模效应，或者说小盘股获得的超额回报率的近50%是由“元月效应”引起的。因此，我们知道，小盘股跑赢大盘是因为股票买方和卖方之间产生了不平衡，而这种不平衡实际上由美国的税收政策导致的。这个解释看似有理有据，但对我说显得太过复杂，然而如此复杂的事情已经被证明是真实的。

折扣交易：流动性补偿

小盘股表现更好的另一可能原因是，小盘股产生的超额回报率是对投资者持有非流动投资的一种补偿。通常，因为交易小盘股的难度太大，小盘股的定价会在它们的公允价值上打一个折扣。因此，公司的股票值20美元,但你可能只花18美元就买下了它。另一方面，你将很难找到下一个买家。这种做法在金融领域非常常见，或者说，金融资产以流动性折扣进行交易非常常见。

研究表明，考虑了交易成本后，纽约证券交易所交易的股票中，小盘股的超额回报率消失了，甚至在某些情况下发生了反转。例如，一些测算显示，如果你将经纪人买卖股票的差价从小盘股的回报中扣除，就会发现小盘股的回报率优势消失了。一般说来，那些关于在调整交易成本后，持有小盘股是否能产生超额回报率的研究结论，已经被证明不具说服力了。就在一个研究指出小盘股的超额回报率与交易成本的调整无关的时候，另一个分析报告称，调整交易成本后，小盘股的超额回报率没有消失。最终，随着交易成本全面下跌，5 ~ 10年前做的交易成本的相关性分析已经变得不可靠了。对小盘股来说，交易成本确实较高，但空谈不如实践。随着时间的推移，小盘股是否会比大盘股表现得好，只能用更长时间的实际投资结果来决定。对此，我的观点是，今后50年里，小盘股产生的回报率将超过大盘股。

长线围捕小盘股异象

在调整交易成本后，与小盘股回报率相关的最大问题是，很多小盘股的超额回报率持续的时间都很短，短得就像是一种由市场的无常变化产生的幻影。最近的一些研究指出，小盘股超额回报率的强度在不同时期有所不同。我分析了1980—1996年的回报率后发现，市值大小与回报率似乎没有什么相关性。在这一时期，持有小盘股没有优势。请注意，我分析并不是短短几年的时间，而是十五年。这十五年间，小盘股异象均未出现。事实上，在发现小盘股的超额回报率之后，这种超额回报率就陷入了休眠状态。

分析1982—2002年小盘股的回报状况，你会发现，这一时期持有小盘股的超额回报率比1926—1982年的要低得多。显然，小盘股的超额回报率的下降，应当归咎于各类讨论小盘股异象的文献。同时，专业投资机构将小盘股异象看作投资真理，也影响了小盘股的回报率。

小盘股的超额回报率刚好在其被发现之后就消失了，这看上去有点偶然，所以可能会有人认为小盘股的超额回报率纯粹是随机事件。在我看来，同样可能的是，在过去 20 年，经济出现了一些基本面的变化，这让小盘股比大盘股更有回报优势。分析 1984—2005 年的数据可以发现，当时小盘股的超额回报率已经只比大盘股高 1% 左右了。这种超额的程度是如此之低，以至于在考虑其他因素之后，小盘股的表现其实与大盘股已经不相上下了。

以上结论或许没什么新意，但其背后的原因非常值得探讨。小盘股表现不好的一个原因是，小盘股经历了更大的负的盈利能力冲击（Negative Profitability Shocks）。

所谓的盈利能力冲击是指，那些预料之外的、导致盈利能力变化的变化。1984 年以前，不论企业规模大小，他们都基本没有遭受盈利能力冲击。然而，从 1984 年开始，平均而言，小公司都经历了负的盈利能力冲击，而大公司则经历着正的盈利能力冲击。结果，小公司实现的回报率可能低于预期回报率。在过去 20 年，小公司基本上连遭不幸，但小公司的收益率分布（Distribution of Returns）一直要比大公司的收益率分布高。在我看来，这个原因导致了小盘股异象的消失。

我相信，在将来很长一段时间里（比如几个 10 年），小盘股将表现优异。然而，在某个单一的 10 年或两个 10 年里，小盘股很有可能比他们的大盘股同业表现得差。

实际上，在 1983—1998 年，小盘股的回报率就比大盘股低 40%。于是，许多研究员开始质疑小盘股异象的是否真的存在。然而，就在小盘股异象受到质疑时，之后的 10 年，即 1999—2010 年，小盘股的回报率又显著高于大盘股了。

分析 1927—2010 年这个完整的时期，我们发现小盘股在某些年份表现得好，而在某些年份表现得差。稳定的数据波动似乎意味着异象的不存在，似乎不管小盘股表现得好还是大盘股表现得好，都很合常理。

一个有趣的现象是，数据被可靠记录以来，1983—1998 年是小盘股表现最差的一段时间。所以，小盘股异象是否存在的问题基本可以归结为基准情形是什么的问题。在研究小盘股的回报率时，我们应该关注哪一段时间的数据？1981 年之前的，还是 1981—1998 年之间的，或者 1998—2010 年之间的？也就是说，小盘股异象的存在，高度依赖于时间段。非常明显的是，从小盘股在 20 世纪 80 年代开始被广泛地宣传以来，它的表现已经没有预期的那样好了。

规模异象（Size Anomaly）的另一个有趣的结论是，大部分小盘股的超额回报率都应该归功于那些真正意义上的小盘股上。法玛－弗伦奇三因素模型之父，尤金·法玛（Eugene Fama）和肯尼斯·弗伦奇（Kenneth French），以一种复杂的方式将股票按市值分类，从而证明了股票市值越小，其超额回报率与市值的比值就越大。这从侧面指出，股价的僵化很可能导致小盘股的超额回报率下降。

此外，意外盈利也让小盘股超额回报率看起来更显著。大部分小盘股之所以会获得超额回报率，是因为那些公司之前的盈利都低于预期。所有的证据都在支持这种行为假设。

总体来说，投资者会对坏消息反应过度。一旦听到坏消息，投资者就会卖出那些业绩不太好的股票。**事实上，小盘股超额回报率的贡献者看上去很可能是那些对相当小的、不知名的、价格已经急剧下跌的股票不感兴趣的机构投资者。**

如何检验股票价格的表现形态？比如怎样才能确定某只小盘股比大盘股表现得好，这种优势会保持下去？一种很好的方法是，看看当前的结果是否适用于另一个国家的市场。如果小盘股异象在美国出现，但在国外市场中，小盘股一贯地表现很差，那么这可能意味着，初始的发现可能仅仅是一种偶然现象。

一些国际市场的研究指出，小盘股异象可能确实存在。在被分析的 12 个欧洲国家中，有 11 个国家的小盘股倾向于产生更高的平均回报率。这样的结果在加拿大股票市场中同样成立。20 家新兴股票市场的公司证明，在交易成本相同的情况下，相较于大盘股的国际化分散投资组合，小盘股的国际化分散投资组合每月的超额回报率要高出 70 个基点。

综上所述，我们会知道，在很长一段时间里，小盘股确实可以跑赢市场。然而，你必须几十年如一日地耐心，因为在任意一个五年或者十年内，大盘股很可能比小盘股表现得好。想要抓住小盘股异象，你需要一个长时间的投资期。另外，交易成本会侵蚀一大部分小盘股的回报率，所以，让交易量保持在最低水平至关重要。

系统性的过度反应

小盘股的超额回报率可能主要来源于那些被忽略的公司。元月效应影响的小盘股，往往是投资者基本很难发现的股票，或者曾经使投资者失望的股票。这再次证明，投资者会对坏消息反应过度。

当意识到有些小盘股不为绝大多数机构投资者所知时，你会又一次相信投资者会对坏消息反应过度。由于不熟悉详情，机构投资者可能发现不了小盘股的价值。例如，如果通用电气抛售了很大比例的股份，其他投资者就会认为跟风抛售是过度反应，并认为通用电气在这一价位代表了一种价值。之所以会这样，是因为大量的投资者花费了大量的时间和金钱来分析通用电气的前景。而且，通用电气本身就有数量庞大的分析师团队。然而，因为投资者对其信息的掌握非常有限，如果一只市值 10 亿美元的股票抛售很大比例的股份，则可能不会引起同样数量或者比例的钱来跟随这只小盘股。

诺贝尔经济学奖获得者罗伯特·席勒是过度反应理论的权威学者。2000 年，他将当时一路涨升的股票市场称作“一场非理性的、自我驱动的、自我膨胀的泡沫”。随后，纳斯达克指数由最高峰的 5 000 多点跌至 3 000 点，最低跌至 1 100 多点。投资者对于受损失的股票会变得越来越悲观，而对于获利的股票会变得越来越乐观，他们对于利好消息和利空消息都会表现出过度反应。

对小盘股来说，投资者对坏消息可能存在系统性的过度反应。这可能使得小盘股总体而言会在价格回调后，依然保持过度低迷的状态，从而产生高于市场的超额回报率。实际上，由于缺乏机构投资者，小盘股在遭遇坏消息的冲击后，很难重新振作起来。

小 结

小盘股比大盘股好?

看上去，如果想利用小盘股异象获得超额回报率，最好的办法就是长期持有小盘股。所以高明的投资者会寻找那些股价已经大幅下跌的股票，并以相当有吸引力的估值指标交易。相对而言，小盘股往往不为大型投资者所知。

除此之外，保持耐心甚至顽固变得至关重要。如果决定买入小盘股，你就必须坚持至少 10 年，这样才有可能获得超额回报率。如果对小盘股的信任不足、意念不坚定，那么你必须承担在小盘股受宠时买入、在失宠时卖出的风险。这样的话，其产生的超额回报率将显著低于传说中的小盘股异象的超额回报率。

为确保在投资小盘股时赚钱，你必须相信，随着时间的推移，小盘股将比大盘股表现得好。这种信念之所以有必要，是因为在某一段时间甚至某一大段时间里，小盘股都有可能比大盘股表现得差。国际数据显示，长期来看，小盘股将获得胜利。问题是，所有数据都指出，为了真正从小盘股异象中获利，你需要持有小盘股长达几十年。这绝不容易完成，但完成这一高难度动作的投资者将获得超过市场的回报率。

第3章

盈利预测

左右股票价格的“杀手锏”

当所有跟踪一只股票的分析师的平均盈利预测是1.05美元时，盈利预测从1.05美元调整到1.10美元，要比从1.00美元调整到1.05美元更具指示性。对于同等幅度的盈利预增和预减，市场的反应并不一致。

Once More Unto the Breach

THE LITTLE BOOK of STOCK MARKET PROFITS

路易斯·纳维里尔 (Louis Navellier)
著名成长股投资大师
经典作品《巴菲特的选股真经》作者

分析师的收益预测之所以会有别于现实，主要出于以下几个方面的原因。首先，分析师很难把每个季度的收益预测精确到小数点以后几位。比如说，谁能预测到，汉森自然公司的 Monster 运动饮料能在拥挤不堪的咖啡因和维他命类罐装液体饮料市场中脱颖而出，其收益增长的速度和程度令人始料不及呢？又有谁能想到，苹果的 iPod 会在个人音频娱乐设备领域异军突起，并伴随着不尽的利润呢？

其次，这就是投资领域的羊群效应。如果我们认识到很多分析师的首要目标并不是通过成功的预测而实现投资利润，而是不被解雇，那么，预测自然会更多地局限于底线，或者说趋于保守。

3

表面看来，股票市场的运作相当简单。市场的卖方是那些专注于卖出金融资产和证券的机构，主要包括银行、经纪人、经销商和投资银行家等，他们的工作就是将证券卖给他们的客户。市场的买方是另一种机构，他们买入而不是卖出资产或证券。最常见的买方主体包括养老基金、共同基金、基金会、对冲基金、捐赠基金和自营交易平台等。

一般说来，一家公司需要资本来支持生产和销售。公司为了筹集资本，就需要进入市场找到一个卖方主体，卖出一部分所有权（也就是股票）。股票市场促进了拥有资本的人向需要资本的人转移。实际上，股票市场会定期更改资本定价，所以贡献资本的一方将收获一定程度的流动资产（Liquidity）。

最终决定公司股票价值的是这家公司产生的利润，一只股票的价值完全由潜在现金流决定，这些现金流归股票持有者所有。潜在现金流通常以股利的形式出现，但股利的多少完全取决于潜在现金流。潜在的股利支付决定了股票的价值，而潜在的股利支付的大小由这只股票背后的公司的盈利能力驱动。盈利的公司才有能力支付股利。因此，未来的利润最终决定着股票的价值。

没有利润，股票仅仅是一张设计精细的纸片。有了利润，尤其是有了可增长的利润，股票就有了内在价值。未来利润在决定一只股票的价值时非常重要，所以盈利预测就变得格外重要。

盈利预测是市场对一家公司未来利润的最好猜测。市场条件下，一家公司未来的利润不可能提前知道，但我们可以观察卖方股权分析师作出的盈利预测。因此，盈利预测间接推动了股票价格。

估值模型的核心是利润

绝大多数机构投资者都使用估值模型，而估值模型的主要输入信息是公司利润。尽管必须要考虑未来利润的质量和稳定性，但几乎所有机构的估值模型都试图以一个适当的折现率来处理未来利润，从而得到未来利润的现值。如果未来利润的折现值超过了公司现行的股票价格，那么投资者就可以考虑买入这只股票了。同样地，如果未来利润的折现值低于公司现行的股票价格，这只股票被高估了，可以考虑卖出。

有些估值模型非常复杂，有些非常简单，但他们都由盈利预测驱动。在所有机构的估值模型中，更高的盈利预测意味着更高的公允价值。当大型机构投资者决定提高他们对未来利润的预测时，他们很有可能买入这只股票。

一家共同基金公司，比如买方富达国际投资，他们的研究和盈利预测就不会向个人投资者发布。如果你想要知道富达国际投资的某位投资组合经理会买入哪只股票，你最好能找到一张内部清单。

那张清单列着一些公司名称，富达国际投资认为其现在的价值比一个月前要高。如果富达国际投资认为一家公司的实际价值比目前的股价要高，那么它将买入这只股票。然而，富达国际投资没有任何理由告诉你某家公司是否被低估了，直到它买入这只股票之后你才会知道。富达国际投资不会公布自己的研究结果。

与富达国际投资的分析师不同，经纪公司的分析师会发布他们的研究。一家重要的经纪公司，比如美林证券会把自己的研究提供给像富达国际投资那样的企业，以获得对方部分的交易收入。像富达国际投资那样的投资机构众多，因此，类似于美林证券这样的卖方公司有能力雇用数量超过富达国际投资的分析师。过去几年出现的情况是，深度分析大多集中在卖方公司，他们有规模优势。

在这样的格局下，很多卖方分析师在其整个职业生涯中只负责跟踪屈指可数的几只股票。于是，卖方分析师成了他所跟踪公司的专家，也就是买方分析师为获得某家公司未来利润的准确预测而需要求助的人。获得卖方分析师提供的研究数据后，买方分析师再决定推荐投资组合经理买入哪只股票。同一个行业中，卖方分析师详细掌握资料的公司大概有10家。买方分析师通常会整合多位卖方分析师的研究，再决定投资组合，而这些卖方分析师中的每一位都是各自领域的专家。

卖方主体提供的盈利预测实际上是买方主体输入的信息，因此可以说，买方公司对公司利润的预测取决于卖方的研究报告。当一位卖方分析师提高他的盈利预测时，这些更高的盈利预测会被买方输入其估值模型。所以，盈利预测越高，估值模型运算出的公允价值就越高，大型的机构投资者买入这只股票的可能性也就越高。

鉴于卖方分析师的研究会被广泛地传播，并被大型机构的投资经理采用，所以盈利预测的向上调整将导致基本面估值的向上调整，最终使股价上涨。因此，分析师也就成了股权研究分析师最重要的信息来源。

对投资者来说比较幸运的是，盈利预测往往是分析师最公正客观、最不带偏见的研究，也是他们最经常输出的信息。任何一位在华尔街工作过的分析师，都能够提供为一只股票的买入或卖出提供一个有力的论证。相反,分析师的荐股评级则隐藏内在的偏见。例如，一位分析师可能会因为不想惹恼他所跟踪公司的管理层，害怕管理层切断他的信息流，给了这家公司更高的评级。因此，分析师通常不发布卖出评级。类似地，分析师也可能对其整个职业生涯都在跟踪的行业感到过度兴奋。因为，如果一位分析师终其一生都在跟踪上市的报纸公司，那他基本不可能撰写报告说“报纸行业已被互联网摧毁”。

自愿成为管理层的俘虏

尽管荐股评级都带有偏见，但分析师的盈利预测会在极大程度上忠于事实。每家公司每一个季度都必须发布盈利报告，分析师需要尽可能准得预测那些利润，无论他如何看待这只股票、这个行业或者这家公司的收入状况。

尽管盈利预测是卖方分析师的研究报告中最公正客观的部分，但预测仅仅是预测，它只能无限接近事实。研究清楚地表明，分析师的盈利预测往往太过乐观。

考察几十年的盈利预测的所有变化后，你就会发现盈利预测的向下调整比向上调整多。为什么会这样？分析师总希望所跟踪的公司表现得更好。如果分析师跟踪公司的利润增长开始超过预期，那么分析师的研究会更受欢迎。换句话说，跟踪一家公司几年之后，分析师通常会开始相信管理层的承诺，相信利润会逐渐提高。也就是说，分析师成了公司管理层的俘虏，这很像金融界的“斯德哥尔摩综合征”。

2012年，高善文撰文指出，成功的卖方分析师需要三个方面的能力：一是善言雄辩的表达能力，二是全面客观的观察能力，三是缜密细致的推断能力。因此，卖方分析师应该不论牛熊，不分亲疏，保持职业操守和独立性。实证研究显示，卖方分析师偏向于高估非国有企业的估值，偏向于乐观预测业绩不稳定的公司，偏向于中性评价高管的减持行为。

另外，分析师很容易被应计项目而不是现金产生的利润影响。之所以会将应计利润看作利润，是因为资产负债表的项目增加了，但实际上现金流并没有扩充。分析师会像投资者那样，倾向于相信由应计项目产生的利润会持续下去。结果，他们很有可能提出过于乐观的盈利预测。

我们稍后会在第9章中看到，在做盈利预测时，分析师还倾向于忽略盈余公告的结果。

盈利预测的缺点不少，但据此选择股票仍然是产生超额回报率的最佳方式之一。

盈利预测调整越大胆，投资者反应越不足？

在投资过程中，使用盈利预测调整指标的关键在于，不要仅仅关注单个分析师的盈利预测变化，而要关注多位分析师的盈利预测变化。你可以买入多个分析师都作出向上的盈利预测调整的股票，卖出或者避免买入多个分析师都作出向下的盈利预测调整的股票。

数据显示，卖方分析师的盈余预测是无效的。一方面，分析师接触的行业信息和私人信息虽然比较广泛，但过于注重不完整的私人信息。另一方面，分析师以私人信息方面的预测最大化自身的利益。这种主观动机包括两种：显示更高的能力和获取更多的交易佣金。预测行为本身的价值有限，预测的调整更有用。

非常明确的一点是，市场对盈利预测调整的反应不足。这种情况发生的原因是，随着时间的推移，盈利预测的调整是序列相关的。这意味着，那些已经获得多个向上的盈利预测调整的股票，在将来更有可能获得向上的盈利预测调整。买入那些过去已经获得向上盈利预测调整的股票，实际上就是在购买那些在统计上更有可能在将来获得向上盈利预测调整的公司的股票。

上文提到，大型机构投资者的估值模型倾向于输入更高的盈利预测信息，显示出更高的公允价值。因此，只有这些向上的盈利预测调整实现时，市场才开始作出反应。这种滞后性的结果就是，更多的投资者会买入这只股票，进一步抬高股票的价格。

在使用盈利预测调整策略时，要获得超额回报率，你必须学会预测哪些公司会获得向上的盈利预测调整的能力，以及哪些股票价格会对调整作出反应。预测哪些公司可能获得向上的盈利预测调整是一个统计问题。然而，确定哪些公司的股票价格会对将来的调整作出反应更像是一种艺术。将两者紧密结合起来使用，你才能有效地获得超额回报。

从目前的研究可以知道，那些以盈利预测调整构建的套期保值组合会产生正的回报率。比如，根据某个盈利预测调整，买入最前面 5% 的股票并卖空最后面 5% 的股票的投资组合产生了 10% 左右的年化回报率（扣除交易成本之后）。研究表明，尽管时间不断推移，基于盈利预测调整的市场中性回报率会长期持续下去。20 世纪 70 年代、80 年代和 90 年代所做的研究也证明，基于盈利预测调整作出的投资组合获得了显著的超额回报率。以上结论间接说明了，市场对盈利预测调整的反应较迟缓，甚至反应不足。

哪些类型的公司有助于提高盈利预测调整的价值？结果表明，如果盈利预测调整的是小公司或者跟踪分析师更少的公司，那么盈利预测的价值更高，盈利性也更强。

此外，当盈利预测调整偏离一致的预测时，盈利预测调整的价值似乎更高。比如，如果跟踪某一只股票的所有分析师的平均盈利预测都是 1.05 美元，那么盈利预测从 1.05 美元调整到 1.10 美元要比从 1.00 美元调整到 1.05 美元更具指示性。也就是说，尽管两位分析师的盈利预测调整的数量相同，但一致的预测向上调整的指示作用要强于从一致的预测向下的调整。

盈利预测调整越大胆，投资者对盈利预测调整的反应越不足，盈利预测将来价格移动的作用也越强。因此，盈利预测距一致的预测越远，其对将来价格的影响就越大。如果一致的盈利预测是 1.00 美元，那么 0.30 美元的盈利预测调整的影响要比 0.10 美元的盈利预测调整的影响显著。

为什么投资者对大胆的盈利预测调整反应更加不足呢？部分原因是，投资者在改变其对公司的盈利前景的观点之前，可能在等待其他分析师的额外的盈利预测调整，或者等待季度报告的实际利润。实际上，跟踪盈利预测调整所获得的超额回报率中，很大一部分是在额外的盈利预测调整或实际的季度利润报告出现时实现的。这似乎表明，之所以会对盈利预测调整反应不足，是因为投资者需要从额外的来源确认盈利预测的准确性。

盈利预测调整的五个因素

2011 年，全美 3 500 多位分析师作出的盈利预测调整大约为 18 万份。分析这些分析师过去几十年的盈利预测调整，你大概就能够在统计上挖掘出分析师扣动“扳机”、改变盈利预测的原因。

一般来说，如果一家公司的股票最近上涨了，分析师可能上调其盈利预测。准确地说，股票价格和盈利预测实际是由新的基本面信息驱动。分析师同样可能在盈余公告或者股东大会之后上调盈利预测，因为股票相关的新信息出现了。数据显示，分析师倾向于按照近期股利变化的方向调整他们的盈利预测。也就是说，如果公司最近提高了股利，分析师可能会上调盈利预测。

最重要的是，分析师在作出盈利预测调整时，常常受“羊群效应”影响。这意味着，如果一位分析师发现其他分析师上调了盈利预测，他也有可能会跟着上调盈利预测。从某种程度上讲，分析师有点儿像旅鼠，他们喜欢聚在一起做盈利预测调整。

最近，哈佛大学教授乔治·塞拉菲姆（George Serafeim）执行了一项统计分析，这项统计分析被包含在《股票市场异象手册》（*Handbook of Equity Market Anomalies*）中。书中探讨了盈利预测调整的决定因素。研究表明，分析师调整其盈利预测可能受了五大因素的影响。也就是说，我们可以将这五大因素看作分析师调整盈利预测的扳机或引爆点。

塞拉菲姆指出，54% 的盈利预测变化可以用这五大因素解释。另外 46% 应该归因于时间事件或特定的股票事件。

分析师调整其盈利预测的因素如下。

股票价格的变化。一些证据表明，在分析师调整其盈利预测之前，股票价格会上涨。对这一现象有一个很好的解释：一只股票的基本面发生了的变化，价格上涨了。在消化基本面的变化之后，分析师才会调整其盈利预测。一般情况下，市场对一家公司盈利前景基本面变化的反应，要比分析师快。结果，股票在分析师调整其盈利预测之前就上涨了。总之，股票价格移动影响了约 11% 的盈利预测调整。

盈余公告。正如预期的那样，盈余公告发布后，分析师会相应地调整盈利预测。分析师分析盈余报告，判断自己的盈利预测是太高了还是太低了。分析师基本上会先在盈利报告中调整自己的判断，改变他对未来利润的观点，然后才相应地改变盈利预测。盈余预测影响了约 13% 的盈利预测调整。

其他分析师的盈利预测调整。单个分析师之所以会调整其盈利预测，最可能是同行都调整了。这既可以解释为，所有分析师使用的信息是一样的，也可以解释为“羊群效应”。其他分析师的调整影响了约 15% 的盈利预测调整，而“羊群效应”似乎是盈利预测调整最合理的解释。

为什么一位分析师的盈利预测会影响另一位分析师？最佳解释与分析师在不确定性下如何行动有关。正如我们将在第 9 章中看到的那样，预测公司利润非常困难。对比分析发现，跟踪分析师的平均预测作出的盈利预测，仅仅比使用历史利润的趋势线延伸作出的预测要好一点点。在这样的不确定性下，分析师却被要求公开发布盈利预测。他开始向市场宣誓，他在预测所跟踪公司的利润上是一个专家。问题在于，这就像芝加哥熊队的专家一样——呼吸、饮食、生活都是为了橄榄球，但这样也不能保证他能准确预测比赛结果。也许，那会是一个不错的开始。

被逼上沙场的分析师开始害怕犯错。分析师一方面想成为令人信服的专家，另一方面却必须预测一些随机成分非常高的事情。因此，随着时间的推移，分析师需要渐进地改变他的盈利预测。没有人会打包票说“我在预测 IBM 的盈利前景上有一手”，相反，他们会根据实际情况做大量的、经常性的盈利预测变化。如果一位分析师认为 IBM 的利润将高于他之前的预测，他也不会立即作出一个大胆的盈利预测调整，而会作出一个增量的变化，并将目光投向其他分析师，寻找能够佐证判断的素材。

所以，盈利预测调整倾向于慢慢往上爬。这种盈利预测爬升或者说“羊群效应”，解释了为什么那些已经获得向上的盈利预测调整的公司可能在将来也获得向上的盈利预测调整。分析师渐进地作出预测调整，是为了在不确定性下，获得其他分析师的佐证信息。

偏离一致的预测。分析师的盈利预测历史与当前一致的预测之间的差异是盈利预测调整的另一个决定因素。如果分析师以前的盈利预测显著高于一致的预测，那么下一次调整时分析师会倾向于向下调整。类似的，如果分析师以前的盈利预测低于一致的预测，那么他就有可能向上调整其盈利预测。

大约12%的盈利预测调整是因为分析师试图躲进一致的预测这个温暖又舒适的怀抱中。这很像企鹅，分析师们也像它们一样抱团，还安慰自己能防范天敌。为什么分析师会被一致的盈利预测吸引？要弄清楚这个问题，我们先研究分析师为什么要在市场中获得权威。最明显的原因是，他想要让自己的研究报告成为最重要的那一份。如果市场认为分析师的观点越重要，听从他的观点的人就越多，他对股票价格的影响就越大，他在经纪公司的价值就越高。

分析师的工作就是预测股票价格移动或者预测公司利润，这些壮举都充满了不确定性。为了在大量的不确定性下提出被认可的专家意见，分析师必须先模仿其他分析师。如果一位分析师的盈利预测是错误的，与一致的预测不同，很可能他的专家身份就会被质疑。然而，如果这位分析师的盈利预测是错误的，但其他分析师跟他作出了同样的判断，那么他很可能不会收到负面的反馈。可以说，分析师丢掉名望最快速的方法就是，作出与一致的预测显著不同的大胆的盈利预测，还是完全错误的预测。如果一位分析师预测错了，其他分析师也一起错了时，这位分析师的名望可能不会减少，也不会提高。因此，分析师需要一致的预测带来的安全感。

未预期到的管理层指引。有时，分析师跟踪公司的管理层会发布一份公告，向市场提供其对于未来利润的看法。相对于数量庞大的盈利预测调整来说，这样公告的数量相当稀少。因此，所有盈利预测调整中仅有大约3%归因于管理层指引。

盈利预测调整的影响因素的数据表明，利润很难预测，但分析师的努力仍然具有一定的预测性（见表3.1）。鉴于以上的五大影响因素，分析师盈利的预测性会出现波动。随着时间的推移，分析师的盈利预测调整产生了序列相关性。在我看来，市场对于盈利预测调整反应不足是因为没有接受这样一个事实：一旦盈利预测开始上调，便意味着盈利预测将进一步上调。

表3.1　盈利预测调整的分布

盈利预测调整的原因	调整解释百分比
股票价格移动	11%
盈余公告	13%
其他分析师的预测调整	15%
偏离一致的预测	12%
管理层指引	3%
当时的特殊状况	46%

绝大多数国际市场盈利预测调整的研究发现，国际市场也倾向于对预测调整反应不足。在荷兰、英国和德国，根据盈利预测调整进行的交易，其盈利性最高。在法国，买入那些盈利预测上调的股票似乎也能获得超额回报。在加拿大，实施盈利预测调整策略也能获得正的结果。日本和瑞士产生的结果比其他国家都要弱。

这确实表明股票市场往往对盈利预测调整反应不足。因此，如果你买入那些盈利预测已经上调的股票，你更有可能获得超过市场的超额回报。盈利预测调整越大越好，但交易成本会抵消一部分实际回报。盈利预测调整能够产生超额回报的原因，很可能与分析师在不确定性下的行动方式有关。另外，盈利预测调整会带来超额回报率的两个原因可能是：任何时候，投资者都需要新信息；一些机构投资者会延迟处理盈余信息。

小 结

盈利预测如何影响股价?

潜在的股利支付决定了股票的价值，而潜在的股利支付的大小由这只股票背后的公司的盈利能力驱动。盈利的公司才有能力支付股利。因此，未来的利润最终决定着股票的价值。没有利润，股票仅仅是一张设计精细的纸片。

对投资者来说比较幸运的是，盈利预测往往是分析师最公正客观、最不带偏见的研究，也是他们最经常输出的信息。但预测仅仅是预测，它只能无限接近事实。

非常明确的一点是，市场对盈利预测调整的反应不足。部分原因是，投资者在改变其对公司的盈利前景的观点之前，可能在等待其他分析师的额外的盈利预测调整，或者在等待季度报告的实际利润。

一般来说，如果一家公司的股票最近上涨了，分析师有可能上调其盈利预测。准确地说，股票价格和盈利预测实际是由新的基本面信息驱动。分析师同样可能在盈余公告或者股东大会之后上调盈利预测，因为股票相关的新信息出现了。如果公司最近提高了股利，分析师也有可能上调盈利预测。

哈佛大学教授乔治·塞拉菲姆执行了一项统计分析，这项统计分析被包含在《股票市场异象手册》中。塞拉菲姆指出，54% 的盈利预测变化可以用五大因素解释。

股票价格的变化；

盈余公告；

其他分析师的盈利预测调整；

偏离一致的预测；

未预期到的管理层指引。

第4章 趋势交易

滚石成金的法则

20世纪80年代初期，绝大多数经纪公司的技术研究部只有一个分析师。“巫医”在报告的走势图上绘制图形，然后提供给数量越来越少的异想天开的老投资者。现在看来，那些观察移动平均线指数的老家伙似乎并没有发疯。

The Big Mo

迈克尔 ·W. 卡沃尔（Michael W. Covel）
趋势交易大师
交易类畅销书《趋势交易》作者

在投资者只关注低买高卖的世界，请不要忘了，某些趋势交易者只会在价格高到离谱的时候才选择入场，你可以认为这时候买入简直是疯狂之举。在过去的 100 年中，这种心态几乎违背了任何一条华尔街的共识，但这却让德鲁兹只要坐在太平洋对岸的夏威夷家中就能发大财。

你不需要拥有一个千人博士团帮你按照趋势交易法则来赚钱。所以别灰心，千万不要认为没有所谓的良好背景和学位，或者没有庞大的团队，你就不能成为一名成功的交易者。作为一名交易者，你的目标就是能永远从这个游戏中赚钱，而实现这一目标的最佳方式就是尽量不要让自己被踢出局。

我们这里讲动能(Momentum)。在股权投资中，动能具体指的是，如果一只股票的价格正在上涨，那它会倾向于继续上涨；如果一只股票的价格正在下跌，那它也会继续跌一阵子。于是，你大概已经意识到趋势确实是你的朋友。

下面我们将讨论两种不同类型的投资者：基本面分析投资者和技术分析投资者。这两类投资者的区别在于，他们在买入或卖出一只股票前，考察历史价格走势图的程度不同。

一个基本面投资者关注的是，公司销售额是否增长，增长幅度是多少，产品是否受欢迎，公司是否具有可持续的竞争优势。对基本面投资者来说，公司利润、定价和战略决策等方面非常重要。

技术投资者通常认为，一家公司所有的基本面信息都已经反映在公司的股价中了。于是，他们会观察公司股票的历史价格运动，预测未来股票价格会怎么移动。对技术分析投资者而言，市场就像21点纸牌游戏，发出的牌决定着之后的牌。除了那些纯粹使用定量分析的投资者，即通过用电脑分析基本面的数据来作出股票交易决策的投资者，绝大多数投资者在买入一只股票之前都会观察走势图。

当投资银行家向董事会推荐一次并购时，必备的作战武器是目标公司的股价走势图。个人投资者和共同基金经理在作出购买决策前也会分析股价走势图。

每位投资者都会观察股价走势图，因此根据价格形态推测其未来的价格回报率就有理有据了。不幸的是，想要弄清楚哪种价格形态有价值就像大海捞针那样困难。价格形态的分析技巧多不胜数，就算对它们逐一排查，你也不会得到足够的信息。某些看上去有效的技术策略，可能只是碰巧有效而已。在寻找好的交易策略时，遇到的另一个问题是，他们产生的信号高度依赖于谁在分析价格形态。技术分析师在什么构成了信号这个问题上并没有达成共识：在看到了一个头肩形态时，有些分析师不认为趋势达到了颈线或成交量会大涨；有些分析师可能将这个头肩形态看作一个爆发点，或者一个清晰的卖出信号。

技术分析是“巫医”？

技术分析可以追溯到查尔斯·道（Charles Dow）在 19 世纪末做的工作。作为《华尔街日报》的创办者和编辑，他在一系列文章中首次提出，人们可以使用铁路和工业平均指数线来识别股市趋势。这一概念迅速发展起来。20 世纪 60 年代末，技术分析成了一种被广泛接受的做法。

在 20 世纪 70 年代，越来越多的人相信有效市场假说，技术分析被认为存在严重的缺点。研究人员开始认为，市场是弱式有效的，过去的价格不可能预测未来价格的形态。到了 20 世纪 80 年代初期，绝大多数经纪公司的技术研究部只有一个分析师，这位分析师还被绝大多数人认为是“巫医”。这个“巫医”会撰写报告，在报告的走势图上绘制图形，然后将这些报告提供给数量越来越少的异想天开的老投资者。好吧，现在看来，那些考察移动平均线指数的老家伙似乎并没有发疯。

技术分析三大假设条件：市场价格行为包容一切、价格以趋势方式演变以及历史会重演构成了技术分析的理论基础。第一，市场价格的变化反映了外在信息的变化，但外在信息的变化在价格变化上是否完全体现或过度体现，值得怀疑。第二，趋势终有转变的时刻，这正是我们在牛市中获胜、在熊市中失败的原因。第三，现实中没有完全相同的两片树叶，相似的历史变化常常得不到相似的结果。

直到10年前，研究人员还普遍认为，技术分析几乎毫无价值。直到耶鲁大学的一位教授向一组技术分析师展示了整个序列的历史价格走势图，技术分析师才基于已发现的价格形态，非常有信心地提出了大量的建议。

问题在于，这些走势图是电脑通过一个模拟股票市场回报率的随机程序构建出来的，就算是幅度最小的价格移动，其相对于以前的价格也是完全独立和随机的。也就是说，这些股价走势图实际上并没有提供任何信息和模式。然而，技术分析师还是在这样的随机性中发现了各种各样的形态。研究人员认为这种结果清晰地表明，人们有一种在真正的随机数据中发现形态的奇异能力。这有点像在描摹云朵的可能性形态。

传统的推理是，随着时间的推移，市场运动将完全独立，市场将发生什么变动与以前的事情完全无关。这跟掷硬币是同样的道理。如果你掷 5 次硬币，每次都是正面朝上，那么你下一次掷硬币正面朝上的可能性仍然是 50 ： 50。

动能策略的基础是，相信历史价格的运动和未来价格的运动之间存在某种联系，但这种信念对有效市场假说的信徒几乎是离经叛道的。所以问题来了：如果历史的股票价格和未来的股票价格之间存在某种联系，那么那些认为买入的股票未来会上涨的投资者，承担了怎样的风险？

短期动能，长期反转

一张令人震惊的图解说明了“什么是经济分析中的基本问题”。之前流行的东西以新的面貌卷土重来了。现在的研究倾向于关注正负相关，而不是头肩形态或突破点策略。这样的术语本质上属于统计学的范畴，但结果相当令人震惊。一篇大约发表于 10 年前的文献指出，分析过去的价格运动确实有助于预测将来会发生什么。也许人们需要做的，仅仅是将对走势图的直观感知转化成可以量化和执行的方法而已。

数据显示，短期动能和长期反转两种形态看上去相当稳定，几乎像财务数据那样稳定。从短期到中期来看，在一两个季度中，那些价格显著上涨的股票倾向于继续上涨。从长期来看，过去几年表现优异的股票倾向于在今后 3 ～ 5 年内成为失败者。

因此，短期持有动力股似乎可以赚到钱。正是短期向长期的变化给动能策略带来了风险。一些突发事件可能使短期动能投资的投资者突然开始关注长期。因此，基于价格动能的策略的关键是，使用这个策略，但不长期坚持这个策略。

一个有趣的方法可以检验价格动能策略的有效性，那就是构建套期保值组合，然后看他们会产生怎样的回报率。套期保值组合是，买入一篮子股票，并以同样的金额卖空另一篮子股票。卖空一只股票实际上意味着你从经纪人那里借来一些股票，并将这些股票卖给市场。如果你卖空一组股票，那么当这组股票的价值下降时，你实际上就是在获利。基于价格动能构建的套期保值组合的历史年化回报率是 12% 左右（扣除交易成本）。

套期保值组合买入和卖空的运作基础是将一些公司按照其历史价格动能分成十分位数。实际上，套期保值组合就是买入价格动能高的一篮子股票，卖空价格动能低的一篮子股票。

没有价格动能的影响，你的套期保值组合的回报率大约是零，而有了价格动能，你就发现平均月回报率大约是 1%。

这些套期回报率研究似乎在说，最高十分位数的组合（近期表现最好的一组股票）会继续表现得好，而最低十分位数的组合（近期表现最差的一组股票）会继续表现得差。

因此，最佳策略可能是做多那些过去表现得好的股票，做空过去表现得差的股票。长期坚持这种策略，理论上会产生正的回报率。这确实是一个惊人的结论。构建一个实际上没有任何市场风险或贝塔风险的投资组合，这个投资组合是中性的。随着时间的推移，你却可以获得正的回报率。有趣的是，在控制风险之后，基于价格动能的套期策略产生的回报率会保持着统计上的显著性。

这种短期的价格动能策略看上去前景光明，一直到世纪之交。2000 年左右，价格动能策略遭受了重大挫折，他们在一些年份里不再产生类似于过去 10 年里那样的回报率了。然而，5 年后，正常的盈利关系恢复了，动能高的股票又开始比动能低的股票表现得好了。

对于短期基于价格动能的策略来说，最好的结果似乎可以通过使用所谓的 12/3 分割获得。将一些股票按照其在去年的表现分成十分位数，然后在之后的 3 个月内持有这一组合。如果将投资组合构建期增加一个星期，你会发现投资组合的表现可能会更好一些，这相当于你按照一个星期之前的年化回报率将股票分成十分位数。

另一种可行的策略是 6/6 分割。2001 年，一项关于市场动能的研究将股票按照他们在过去 6 个月的回报率，分成了胜利者投资组合和失败者投资组合，也就是表现最好和表现最差的十分位数（最高和最低的 10% 的股票）。在检查这两个投资组合在之后 6 个月的表现时，可以发现最高十分位数的投资组合的月回报率比最低十分位数的高 1.39%。正如之前研究讨论的那样，这种出色表现中一大部分归因于胜利者投资组合的持续表现。可以明确的是，价格动能策略在多头的表现似乎要好过在空头的表现。

买入交易价格处于 52 周高位的股票，并使用传统的移动平均线指数，也能获得相似的结果。移动平均线策略是指，买入价格显著高于过去 120 天或者 240 天平均价格的股票。一些研究显示，移动平均线策略确实比传统的十分位数分类法表现得更好。此外，买入价格处于 52 周高位的股票在指示回报率方面略微好于 6/6 分割策略。

在短期看来，价格动能高的股票倾向于产生超额回报率，但在更长的持有期中，这种效果会反转。当按照 12/3 或者 6/6 分割策略进行交易时，趋势可能是你的朋友，但当持有股票的时间更长时，趋势更像是一个敌人。

当分析36/36分割策略时，一个有趣的现象出现了。在36/36分割策略中，股票基于其在过去36个月的回报率被分成十分位数，然后在接下来的36个月中持有。当持有期和构建期延长时，你会发现价格动能高的股票的表现显著弱于价格动能低的股票。如果你想要持有股票几年时间，你应该持有那些以前几年的动能都为负的股票或者失败者股票。过去几年的胜利者股票实际上很可能在今后几年表现得很差。

因此，看上去动能在短期会起作用，但在长期中反转情形可能会发生。反转情形在某种程度上可以用长期内的均值回归来解释。

关于长期反转有个形象的比喻：一对高个子的夫妇生出来的小孩可能比他们都矮。如果一只股票的价格在长时期内上涨太多，那么在统计上它应该有一段表现差的时期。这样的结果违反了股票回报率的独立性，似乎在说市场行为更像是21点纸牌游戏。在这里，人头牌都已经被发掉了，玩家只能获得一系列低价值的牌。然而，当股票的长期回报率受到限制时，21点纸牌游戏就上演了。任何一只股票都可能在某些年份获得100%的年化回报率，但它也会有一段喘息时间，这可能是因为其他公司的竞争力加强了。例如，苹果公司在竞争者加入iPad市场之后，销量就会减少。

关注度低的股票最有效

有点不太寻常的是，价格动能似乎在中盘股上要比在大盘股或小盘股表现得好。大约 10 年前的一项研究评估了 6/6 分割策略。在这一策略中，胜利者投资组合和失败者投资组合分别为表现最好的和表现最差的 30% 的股票。通过分析 1980 年 1 月到 1996 年 12 月的数据，这项研究很巧妙地在胜利者投资组合和失败者投资组合中实施了双重分类。用这种方法，你可以检查价格动能对大盘股的影响是否大于小盘股。结果非常有趣，动能回报率在不同的市值十分位数上似乎呈现出一个倒 U 形。

不同市场和不同时期，中盘股的标准都不一样。当前 A 股市场上，中盘股一般流通市值在 10 亿至 100 亿元人民币之间，流通股本在 5 000 万至 1 亿之间，数量上占据整个股票市场的主体。相比较而言，中盘股比大盘股的成长空间更大，比小盘股流动性更好、更为稳健。此外，中盘股公司业务通常比较单一，比较容易分析，市场研究也较为充分。而且由于数量最多，比较容易出现投资机会。

多一空动能投资组合（long-short momentum portfolios）在小市值的股票和大市值的股票中似乎都没有产生动能回报率，但在中型股票中产生了显著的正的动能回报率。

很少有财务数据分析给出决定性的结论。双重分类研究表明动能在中盘股中最强，但其他研究指出，在统计上，价格动能策略在跟踪分析师较少的股票中更显著。当一只股票的跟踪分析师逐渐增多时，价格动能利润倾向于越来越少。这一结果显示，基于动能的回报率可能由早期信息流的所有权属性决定。实际上，一只股票的跟踪人数越少或者熟悉的人越少，价格动能策略可能越有效。这家公司基本面的信息传播得越慢，价格动能越有可能产生良好的回报率。

换句话说，了解某只有吸引力的股票的人越多，这只股票的市场就越有效，价格动能产生超额回报率的可能性就越低。

价格动能策略令人鼓舞的一点是，他们似乎在绝大多数国际市场中都有效。在一项关于 39 个不同的非美国股票市场动能策略的研究中，绝大多数市场都会产生动能利润。有意思的是，这研究发现，在这些市场之间，动能利润并非高度相关。这似乎表明，动能回报率很可能不是由宏观因素驱动，新兴市场同样显示出了动能异象。对此，所有证据似乎都指向了某种行为。

在短期和长期动能案例中，动能利润似乎同时适用于毛回报率和风险调整后的回报率。这意味着，价格动能策略和价值策略相似，也似乎能够在不承担超额风险的情况下产生超额回报率。然而，天下没有免费的午餐，价格动能策略所获得的额外的回报率必须与额外的风险相联系。关键的问题是，持有价格动能高的股票所承担的风险是什么？

就像本书所讨论的其他策略那样，在动能投资组合中，高回报率可能是对某种未知高风险的补偿。我倾向于认为，价格动能策略的最佳解释涉及投资者行为领域。价格动能策略的关键不在其他地方，而在我们自己身上。

后悔的痛苦超过得意的喜悦

个人投资者似乎遭受了一个机构投资者从未遇到的问题的困扰。个人投资者倾向于持有亏损的股票过长的时间，过早地卖出盈利的股票。或许，这一行为就是解开动能异象之谜的关键。

投资者对待获利和亏损的态度通常不一样。对绝大多数人来说，后悔的痛苦超过了得意的喜悦。损失 100 美元的痛苦通常两倍于赢得 100 美元的快乐。投资者对获利和亏损的不对称对待，可能在投资者的择机决策中发挥作用。因此，投资者可能对正面的新信息反应不足，卖出负面信息股票的速度又太慢。

有项研究分析了美国 1983 年 1 月到 2002 年 12 月间的实际交易数据。简单地说，这一研究表明，个人投资者常常为动能回报率贡献力量，例如对亏损反应不足、过早地卖出盈利的股票。然而，大型机构投资者似乎能够对获利和亏损作出更准确的反应。通过分析动态型胜利者股票和失败者股票的买入和卖出压力，我们知道，无论是正的还是负的价格运动，个人投资者都会比大型机构投资者反应得慢。以下因素或许可以解释这种结果：对股票信息有效性的不确定、情绪性偏见、股票过去的表现和同行的压力等。但这确实表明，动能策略会被投资者的偏见影响。换句话说，个人投资者持有的股票越多，动能利润越大。

如果个人投资者通过行为偏见对动能回报率作出了贡献，那么我们可以推测，交易量较小的股票会收获更高的动能回报率，因为这样的股票更可能被个人投资者持有。随后，研究员证实了这一推测。研究员还指出，股票过去的交易量能很好的指示动能效应有多强，以及动能效应会持续多久。这样的结论并不是信口开河，即价格动能策略似乎在交易量较低的股票中更有效，因为这种类型的股票要么被机构投资者忽视，要么被个人投资者所持有。

更有力的证据表明，许多个人投资者一起驱动了价格动能。因此，当实施价格动能策略时，关注那些主要由个人投资者而不是机构投资者交易的股票更有意义。你可以查询机构投资者的持股比例，寻找那些交易量低或跟踪的分析师少的股票，以此来确定买入目标。这些特征都有助于产生更高的动能回报率。

动能回报率持久性的另一种可能的解释是，动能反映了经济中某种真实的东西。例如，动能可能说明这只股票拥有雄厚的经济基础。要证明这一点，可以分析其动能回报率是否与宏观环境有关。

众所周知，机构可以利用大资金煽风点火，维护盘面，引导行情，或者直接与上市公司上层沟通，信息渠道丰富。但机构的弱点也很明显：其一，业绩考核严苛，每天每周每月都有考核，公募基金甚至要每天都有排名，脱离基本面的短视经常出现；其二，在下跌趋势下，基金经理就算看好接下来的行情，也不得不忍痛割爱，提前准备基民的赎回；其三，资金量大，流动性差。因此，散户与机构投资者同台竞争，业绩未必不如机构投资者。

当你分析动能回报率怎样被宏观环境影响时，你会发现一个有趣的事实。在过去70年中，价格动能策略似乎只在经济扩展的时期产生超额回报率，经济衰退时期的动能回报率是负的。尽管这些结果引人注目，但我们应该对其持保留态度，因为经济周期的测算过程更像是一种艺术，而非科学。然而，价格动能策略似乎在衰退时期的效果确实不好。事实上，在经济衰退时期，价格动能低的股票在之后3个月里的表现要比动能高的股票好。

因此，为了保住趋势这个朋友，关键在于寻找短期动能。这或许在经济进入衰退期之前不是一项好策略，但如果你能够预测经济衰退什么时候来临，你就能够在这一策略上像预言家那样赚大钱。

当实施价格动能策略时，关注那些主要由个人投资者而不是机构投资者交易的股票至关重要。寻找中盘股并持有投资组合大约一个季度。使用52周的高位或者移动平均线指数来选择你的股票，并试图关注那些主要由个人投资者交易的公司。最重要的是，小心动能反转，因为它很可能让你几年的积累在短短几个月就付之一炬。

THE LITTLE BOOK of
STOCK MARKET PROFITS

小 结

动能策略是否有效？

每位投资者都会观察股价走势图，因此根据价格形态推测其未来的价格回报率就有理有据了。不幸的是，想要弄清楚哪种价格形态有价值就像大海捞针那样困难。价格形态的分析技巧多不胜数，就算对它们逐一排查，你也不会得到足够的信息。某些看上去有效的技术策略，可能只是碰巧有效而已。

动能策略的基础是，相信历史价格的运动和未来价格的运动之间存在某种联系，但这种信念对有效市场假说的信徒几乎是离经叛道的。短期持有动力股似乎可以赚到钱。正是短期向长期的变化给动能策略带来了风险。从长期来看，过去几年表现优异的股票倾向于在今后 3 ～ 5 年内成为失败者。

对绝大多数人来说，后悔的痛苦超过了得意的喜悦。损失 100 美元的痛苦通常两倍于赢得 100 美元的快乐。投资者对获利和亏损的不对称对待，可能在投资者的择机决策中发挥作用。因此，投资者可能对正面的新信息反应不足，卖出负面信息股票的速度又太慢。

为了保住趋势这个朋友，关键在于寻找短期动能。这或许在经济进入衰退期之前不是一项好策略，但如果你能够预测经济衰退什么时候来临，你就能够在这一策略上像预言家那样赚大钱。

第5章

内幕消息

骑肩高管买股票

当一家上市公司的CEO卖出了自己所在公司的股票，可能有很多原因，例如分散财富、做一项大的购买决策，或者购买房子。当CEO买入自己所在公司的股票时，合理解释只有一个，他认为这只股票的价格会上涨。

The Inside Story

杰西·C. 斯泰恩（Jesse C.Stine）
交易实战经典《100 倍超级强势股》作者
走在市场前面的“交易牛仔”

由于内部人士对公司情况和行业动态非常了解，我们必须密切留意他们的股票交易情况。正如你将看到的那样，与搜集公司信息相比，了解内部人士的交易动向意义更为重大。公司高管抛售本公司股票的原因五花八门，比如地产规划、多元化经营、退休、慈善捐助等。但在大多数情况下，他们买入股票的理由只有一个，那就是他们相信公司的股价在未来会上涨。他们的买入行为发出了一个信号：即将发面重大利好。

回顾我的交易历史，我发现，内部人士购买行为是对超级强势股的双重利好。我始终认为，内部人士的买入行为不仅暗示基本面将在未来得到改善，而且还极大地增强了投资者对该股票的信心。这并非我的主观看法，有统计数据为我这一观点提供支撑。这种信心最终会转化为高企的市盈率，从而导致股价暴涨。

在某种程度上，买入公开交易的股票非常像购买一辆二手车。当你购买二手车时，卖方对这辆车的了解比你要多得多。卖方知道这辆车的车况如何，会为了顺利脱手而对车进行包装。当购买股票时，类似的问题也会存在。就像汽车销售员或原车主，真正知道这家公司价值的人，是公司的高管和持有最多公司股票的投资者。这些人比一般的个人股票购买者掌握了更多这只股票的信息。

一种有趣的投资策略是，试着对这些消息灵通的投资者（内部人）作出的交易决策进行骑肩。

这里所说的内部人指的是，能够获取有关这家公司的业务和财务状况的人。毫无疑问，内部人包括董事会成员、管理者和其他高级别的雇员。公司管理者的顾问、律师以及大量持有该公司股票的股东也有资格成为内部人。

现在，美国允许内部人交易自己所在公司的股票，只是他们需要公开报告自己的交易，并不能以未公开的重要信息进行交易。如果一位 CEO 参加了自己公司的并购谈判会议，知道公司即将被收购，那他就不能购买公司的股票。然而，如果这位 CEO 仅仅认为公司的股票被低估了，那么他就可以在公开市场中购买公司的股票。在这样的情形中，这位CEO必须要在买入股票后的一段时间内，公开报告他的交易。

作为个人，最好的投资策略就是成为内部人，成为上市公司的CEO，通过股票期权过上富裕的生活。遗憾的是，对绝大多数投资者来说，这是不可能的。一种合理的替代方法是，对公开披露的内部人活动进行骑肩。意思是说，当一家公司CEO买入所在公司的股票时，你也应该这样做。理由是，这家公司的CEO在评估公司的前景和确定股票是否被低估方面，很可能比一般的股票投资者处于更有利的位置。

下面的做法就是一个不错的法则，获利的可能更大。当一家公司的内部人在买入时，你也应该买入；当内部人在卖出时，你应该尽可能避开这只股票。

不同的研究都已经表明，关注公开披露的内部人数据非常有效，这种投资策略在过去40年里已经产生了超过市场的回报率。这一策略也存在一场争论，即这一策略产生的超额回报率仅仅是信息不对称的结果，还是内部人泄露出的特定信息产生的结果？信息不对称是指，内部人比市场上的其他人拥有更多的信息。在一项关于信息泄露的研究中，正如我们预期的那样，过去20年的3 700个并购目标在公告发出前6个月内，内部人购买股票的比率下降了，卖出该股票的比率大幅下降了。这实际上表明，内部人可能通过避免卖出他们公司的股票的方法，获得了即将到来的并购收益。**无论如何，内部人都应该被视作消息灵通的代理人，关注他们的交易活动是有意义的。**

内部人士只在上涨前买入？

在2002年之前，内部人有10～40天的时间来公开报告他们的交易。这意味着，如果CEO买入了公司的股票，他必须在40天内公开披露这一信息。然而，自从披露事宜以物理纸张的实际申报方式进行之后，报告实际上的时限延长了。然而，自2002年《萨班斯—奥克斯利法案》（对财务实践和公司治理的规定作出了重大改变）通过之后，内部人必须在两天内报告他们对公司股票进行了交易。这种交易通过电子系统申报，并允许一般的投资者在互联网上查阅。结果，一般的投资者能够更轻易地对内部人的交易进行骑肩了。

然而，交易申报规则的变化可能影响了内部人的交易，内部人交易策略的回报率形态可能已经显著地改变了。我们只能等到时间过去很久之后，才能确切地说明进一步的研究结论。因为到那个时候，回报率才可以准确地进行比较。

分析内部人获得的回报率就会发现，以实际交易时间而不是申报交易的时间为基准，内部人获得了显著的超额回报率。最近的一项研究显示，内部人获得的实际回报率，比在其买入公司股票之后6个月内买入同类型的股票获得的回报率要高出大约6%。这种超额回报率中，差不多有1/3发生在内部人买入股票之后的第1个月内。要获得这种超额回报率，可以模仿内部人的购买行为，并按照内部人在其购买上所花的资本给予每笔交易一个相应的权重。问题的关键在于，这些超额回报率的基础是内部人交易的时间，而不是交易申报的时间。然而，这些回报率表明，内部人拥有能够帮助他们获得超额回报率的信息。

正如其他许多内部人交易研究已经显示的那样，内部人买入比内部人卖出似乎有更强的预测能力。因为内部人卖出一只股票的原因可能多种多样，比如分散财富，或者做一项大的购买决策，或者购买房子。然而，内部人买入股票的合理解释只有一个，那就是他认为这只股票的价格会上涨。因此，根据内部人交易来判断哪些股票应该买入，比识别哪些股票应该卖出更加有效。

似乎还会发生这样的情况，即不同类型的内部人在其回报率上可能具有不同水平的预测能力。看上去管理者—董事(既是公司董事，又是管理者的个人）在交易时倾向于具有最高的超额回报率，而仅仅是公司管理者的个人倾向于具有最低水平的超额回报率。持有公司 10% 股份的内部人交易时似乎比纯粹的管理者会获得更高的超额回报率。

当应用一些的强度测量（Intensity Measurement）时，回报率也会提高。这实际上意味着，单个内部人在其买入或卖出的决策上可能会出错，但当多个内部人在差不多同一时间买入时，这会给市场一个更加明确和强烈的信号。

如果你对至少 3 个内部人在 3 个月的时间内的买入进行骑肩，那么在扣除交易成本之后，你在过去 27 年内获得的平均月回报率将接近 2%，而标普 500 的月回报率略高于 1%。

意识到这些回报率是平均月回报率很重要。一句古谚说过，一杯水也能淹死人。内部人交易策略的最大问题在于，这种回报率不是一年又一年连贯发生的。因此，将内部人活动作为证券选择基准的投资者，必须有一个很长的投资期，这样才能在表现较差的年份结束后，参与到表现较好的年份。

盖茨比分析师知道更多吗？

另一种说法是，信息越不对称，内部人交易就会越有效。比如，如果内部人供职于利润主要由宏观经济因素驱动的公司，一般投资者就不会认为内部人的买入行为具有太大的模仿价值。如果埃克森美孚的董事大量买入了埃克森的股票，这可能并不意味着其股价会有显著的移动。然而，像那些生物科技公司，他们特有的产品信息在确定其利润时非常重要，这些公司内部人的交易就会有极大的指示意义。在大多数情况下，一个行业的信息越不对称，将内部人交易作为一种策略的投资者就越多。

信息不对称的行业正在被互联网改变。虽然不完全正确，但基本上是这样。例如，出租车行业，“滴滴”和“快的”融合了原来供给方和需求方，改变了人们的生活方式。还有一个例子，钢铁行业从生产端到需求端之间有很多环节，可能要经历三四次倒手，“早钢网”减少了中间的交易成本。

一般而言，交通和必需消费品行业的内部人最具有预测能力，包括制药公司、科技公司、金融和商业服务行业。相反，内部人交易在资本物品、基础材料、能源、周期性消费品和公用事业行业的效果最差。

我们发现，内部人交易似乎在小型公司中比在大型公司中更具预测性。部分原因可能是，在小型公司中，当一个内部人买入所在公司的股票时，他实际上可能会更努力地工作，提高公司的业绩。

而在大公司，这种激励作用可能会减弱，因为公司的组织架构过大，任何个人对公司股价的影响力都会减弱。

另一个可能的原因是，小型公司呈现了更大程度的信息不对称。对微软来说，关于公司的前景，没有多少信息是史蒂夫·鲍尔默或者比尔·盖茨知道，但不为分析师或者精明的投资者所知的。其中的逻辑很简单，微软是知名的大公司，它的前景广为人知。在绝大多数情况下，小型科技公司的前景则对市场而言是未知的，因此，小型科技公司的内部人交易会给市场带去更大的信号传递效应。相关数据似乎支持这一结论：经历了密集内部人买入的小盘股的月回报率似乎比标普 500 的高出大约 0.91%（扣除交易成本）。

任性的逆向投资者

在绝大多数情况下，内部人卖出不那么有参考价值。基于股票期权的薪酬计划已经变得更加普遍了，绝大多数的公司管理者会为了流动性和构建更加分散的投资组合而卖出公司的股票。然而，有时内部人卖出也值得关注。

大约 10 年前，内部人有一套卖出规则，这使内部人能够用一种书面算法卖出股票，比如，不论股价如何波动，在今后几年里每个月卖出一定数量的股票。实施这种策略以后，公司的股票在之后六个月内似乎比市场的表现要差大约 2%。

当内部人卖出公司的股票并用所得收入买入一套新房子时，一个有趣的现象发生了。2007 年，一项有些窥视性的研究指出，公司股价几乎总是在其 CEO 购置一套豪宅之后大跌。

一般而言，如果内部人买入，一定是有些人向他们卖出了股票。大多数情况下，内部人交易时更像个人而不是机构。机构投资者的行为倾向于与内部人方向相反。这种结果很大程度上是因为，内部人交易本质上更像逆向投资者，而机构投资者总体而言在交易时倾向于更加专注于动能。然而，非常明确的一点是，由于更有机会得到内部人交易数据，许多机构投资者倾向于实施基于内部人交易的策略。事实上，内部人交易策略似乎更多地被那些关注小型公司的机构投资者采用。

逆向投资策略也称为“反转效应”和“赢者输者效应”，即买进过去表现差的股票而卖出过去表现好的股票来进行套利的一种投资方法。投资者往往过分注重上市公司近期表现，并根据公司的近期表现对其未来进行预测，对公司近期业绩作出持续过度反应，形成对业绩较差公司股价的过分低估和对业绩较好公司股价的过分高估现象。

在实施内部人交易策略时，必须考虑内部人的交易与交易信息的传播、基于信息的最终决策之间的时间延迟。可能的状况是，在密集的内部人买入策略有效的同一时期，一些模仿内部人的交易只能产生低水平的结果。这似乎指出，对内部人交易的数据作出迅速而果断的反应是产生回报的关键。

内部人毫无疑问是逆向投资者。内部人倾向于在价格下跌时买入，在价格上涨时卖出，这与动能投资者的方向相反。因此，内部人的策略与价格动能策略的相关性较低。然而，记住下面这一点很重要，内部人交易似乎更频繁地发生在小公司或者处于困境的公司。

因此，关注内部人买入的策略，可能会过度地指向拥有较高的增长前景的小盘股或者处于困境的公司的股票。

当你将内部人交易和分析师的荐股评级联合起来时，你将得到一些振奋人心的结果。

当内部人是净卖出者时，分析师下调评级似乎不会产生不寻常的回报率。这似乎表明，就算分析师与内部人一致认为公司股价会下跌时，分析师通常也是后来知道这一信息的那一位，而且他是通过股票价格的变动发现的。似乎只有在没有内部人卖出时，分析师下调评级才会产生异常的负的回报率。

全球通用的模仿行为

像本书中讨论的其他几种策略一样，内部人交易在美国之外的其他国家均有利可图。看上去在欧洲和亚洲市场，对内部人进行骑肩可以产生利润。研究显示，内部人交易策略在德国有效，在荷兰尤其有效。英国、西班牙、意大利、香港和波兰同样发现了正的结果，尽管在这些国家中，外部人模仿内部人交易时产生的时间延迟，使看上去有利可图的策略失去了部分效力。比如，在西班牙，证券监管委员会允许内部人交易和交易申报之间存在39天的延迟。结果，外部人模仿内部人交易不会产生超额回报率。

绝大多数的国际研究都表明，像美国发生的那样，超额回报率似乎集中在小公司。这似乎是在说信息不对称是模仿内部人活动产生超额回报率的必要前提之一。

内部人交易策略的最大问题在于，外部人是否能足够快地得到内部人交易数据。2010 年，哈佛商学院教授弗朗索瓦 · 布罗谢（Francois Brochet）进行了一项研究，解决了这一问题，研究对象为 1997—2006 年之间的内部人交易。在《萨班斯—奥克斯利法案》通过之前，内部人买入股票和报告这一信息之间的延迟在 10 ~ 40 天之间。从信息被披露开始，超过市场平均 3 天累积超额回报率约 0.6%。换句话说，从内部人交易被披露之日起，这只股票在之后 3 天内的表现比市场高出大约 0.6%。

在《萨班斯—奥克斯利法案》要求内部人在两天内申报交易之后，累积超额回报率比以前高了两倍，达到了 1.9%。这意味着《萨班斯—奥克斯利法案》显著地缩短内部人购买和申报交易之间的时间延迟，进而使对内部人交易进行骑肩成为一项更加有利可图的策略。然而，通过考察申报日之后的内部人买入状况，我们发现在交易申报和外部投资者实际利用内部人交易信息之间，经常存在额外的延迟。

小结

耐心等待高管的买入

内部人交易在连贯性上有一些缺陷。数据显示，可能在一些年份运用一定程度强度测量的内部人交易策略比市场表现得差。因此，像分析的其他许多策略那样，我们很难预测对内部人进行骑肩产生的超额回报率什么时候会实现。投资者需要在头 3 年的较差表现之后，保持极大的耐心来忠于当前的投资策略，这似乎是实现超额回报率的必要前提。这可能还解释了为什么内部人交易在被首次发现之后还能持续许多年，也解释了为什么大型机构投资者不太接受这一策略。

数据显示，大多数情况下，市场似乎会在内部人买入之后 30 天内，对内部人交易作出反应。然后，超过市场的超额回报率会在最初购买后大约 6 个月的时间内发生。另外，这些超额回报率似乎具有很高的时间依存性（Time Depedent），对内部人买入活动的反应往往越敏锐越好。由于时间上的严格要求，小的交易员和共同基金可能是内部人交易信息的最大受益者。

数据还显示，在过去 40 年中，内部人对购买所在公司股票的时机上具有一定的预测能力。问题的关键在于，内部交易信息什么时候能到达一般投资者手中。信息技术的进步会有效地减少申报的时间，内部人交易策略变得更加有效。

无论如何，使用公开披露的内部人交易实际上意味着，多头而不是空头在实施这一策略。在大多数情况下，内部人买入都比内部人卖出具有参考价值。投资者不应该仅仅从一个内部人那里寻找买入信号，而应该在一个给定时期内关注多个内部人的买入情况。另外，身兼董事之职的管理者的买入，似乎比一般管理者的买入的指示意义更强。

在小型公司和处于困境的公司中，内部人买入在产生超额回报率上会更有效。这种类型的公司往往高度不稳定，而且随着时间的推移，从内部人买入得到的超额回报率似乎不具有一动能。所这些都指出，内部人买入应该作为一种核心策略的补充策略。投资者在内部人买入上需要有高度的自信，从而在遇到波动或表现差的时期仍然能够坚守这一策略。

最后，尽可能快地获得内部人交易的数据，并对这一数据作出反应。如果得到消息之时，已经是在内部人买入股票五六个月之后，那种内部交易信息就没什么预测能力了。如果内部人的买入发生在几天前，那么超额回报率很有可能会发生在接下来的 30 天内。内部人交易申报得越快，投资者对申报反应得越快，内部人买入的信息对外部人的影响就越大，回报率就越高。对内部人购买的骑肩行为不适用于每个人，但当把内部人买入和本书中讨论的其他策略联合使用时，内部人买入应该能够产生额外的超额回报率。

第6章

股票发行

IPO没有想象中美

在大肆宣传和分析所有的基本面之后，你想要买入的IPO是你无法获得的IPO，实际提供给你的IPO是你不想要的IPO。研究表明，投资者在参与IPO之后的36个月内会产生大约负 -30%的累计平均回报率。

Song of the Shares

THE LITTLE BOOK of STOCK MARKET PROFITS

杰西·C. 斯泰恩（Jesse C.Stine）
交易实战经典《100 倍超级强势股》作者
走在市场前面的“交易牛仔”

如果你所持有的股票宣布二次发行或非公开配售，赶紧离场。管理层的任务是以尽可能高的价格发行股票。在发行时，高管们（真正的知情者）认为未来股价不会涨得很高。不过，作为投资者，我并不在乎股票的发行收益是用来进行“大规模扩张”还是“提升企业的市场形象”。

不论管理层抛出怎样的乐观论调，请卖掉你手中的股票。迎着强大的空头势力、高流通性和高昂交易成本的浪头游泳，只会让你陷入极其不利的境地。把这些因素放到一边，唯一真正重要的事实是：股票发行吓跑了那些趋势投资者和他们的数十亿美金。如果知情的内行人士都不站在你这边，那么我们没有理由在股票发行后还持有一只股票长达 6 个月以上。

6

格劳乔·马克思（Groucho Marx）说过，他从来不想成为极力邀请他的俱乐部的会员。这句话用在股票市场再适合不过了。常常的状况是，在大肆宣传和分析所有的基本面之后，你想要买入的IPO是你无法获得的IPO，实际提供给你的IPO是你不想要的IPO。话虽如此，但不断有证据表明，跟踪管理层在融资活动中发出的信号，你还是能够获得超额回报率。

一般情况下，投资组合似乎会在IPO之后产生负的超额回报率，而在股票回购、股利增加和某些融资公告之后，产生正的超额回报率。这些异象似乎在反驳市场有效假说。正如我们将要看到的那样，如果一家公司想要将股票卖给你，请拒绝它；如果一家公司想从你手中回购公司的股票，最佳的做法还是拒绝它。

IPO指一家非上市公司第一次公开发售自己的股票。IPO之后，这家公司就从一个拥有有限股东基础的企业，转变成了一家公开交易的公司。也就是说，任何人都可以在公开市场购买这家公司的股票。尽管一些异常值（Outliers）总会吸引绝大多数投资者的目光，但对谷歌这样的公司来说，异常往往却是一个例外，而非常态。

理论上讲，如果企业有广阔的发展前景，需要更多的资本支撑，而这些资本已超过了从银行融资或其他非公开渠道获得的资本，那么它就应该上市。试想一下，一家快速发展的科技公司，因为发展得如此之快而以一个极快的速度在消耗资金，资金又不能够从通常的资金渠道如风险投资公司那里获得，那么它最好的出路就是上市。理论表明，如果企业无法从银行获得足够的资金来支持其发展，也没有足够多资金量充足的投资者提供股本时，想要获得发展的唯一途径就是向公众出售股票。

然而，实际上，真正决定一家公司是否上市的是股票定价。在现实世界中，一家公司之所以上市，是因为其股票价值低于股票市场上的价值，私人股东要出售股票。也就是说，公司上市是为了替目前的股东赚钱，而不是为公司发展提供资本。

新股的长期收益为负

在一场理想的 IPO 中，私人股东会以一个远高于预期的价格，向公众出售他们的股票。如果你买入了这次 IPO 的股票，那么从统计上说，随着时间的推移，你会亏钱。大量数据明确说明了这一点。

论证上述观点的最简单的方法就是，考察你参与 IPO 后获得的回报率。一项分析了超过 1 500 次 IPO 的研究表明，投资者在参与 IPO 之后的 36 个月内会产生大约 -30% 的累计平均回报率。这一结果清楚地指出，投资者应该在 IPO 之后卖空这一篮子股票，而不是参与发行过程。

你可能会说，之所以发生新股弱势的状况，是因为 IPO 的可能是高增长行业中的小型公司。随着时间的推移，这些小盘股由于市值过小和产业过于集中而表现不佳。然而，情形似乎并非如此。按照规模和行业将回报率和同类型公司相匹配后，新股弱势依然存在。实际上，从买入并持有和月度调整的角度来看，进行 IPO 的公司比同行的表现要差。

对新股弱势的一种解释是，投资者可能会过多买入热门股票，而实际上这家公司的基本面业绩又令人失望。这就像树苗的种子萌芽之后无论生长得多快，树也绝不会长到天上去。事实上，当一家公司处于高增长行业时，投资者可能对其前景过于乐观。

近期数据的研究得出了相同的结论，即参与 IPO 通常会亏钱。普遍地说，IPO 总体而言被高估了。基于同行业比较和基本面分析，IPO 似乎被高估了 14% ~ 50%。基本的结论是，投资者在评估 IPO 时会过于相信过度乐观的增长潜力预测，而忽视甚至无视这家公司的实际盈利状况。

此外，上市公司的主要资助者是否是风投公司，也影响着新公司的股票。20 世纪 90 年代中期的一项研究显示，在 IPO 之后的 5 年内，按照等权基准，没有风投资助的 IPO 累积弱于大盘 33%，而有风投资助的 IPO 累积弱于大盘 16%。两者都弱于大盘，但买入缺乏风投资助的 IPO 受到的损失要大得多。显而易见，登记在案的新股弱势中有相当一部分来源于没有风投资助的 IPO，尤其是那些小公司。

平均而言，如果一家公司向公众出售股票，那你就不要买。数据清楚地显示，不单是 IPO 显著地弱于大盘，那些为了筹集资本而进行股权再融资的上市公司也弱于大盘。公司是首次、第二次，还是第三次股权融资，似乎并不重要。重要的是，发行股票的公司更可能成为失败者而不是胜利者。

IPO 活跃 = 市场“泡沫化”

虽然我们通常要避开 IPO，尤其是避开没有风投资助的 IPO，那么是否存在某种方法能够帮助你通过 IPO 获得超额回报率呢？该问题的答案是，将总体水平的 IPO 作为测量市场是否泡沫化的一种方式。大量公司发行海量股票之后，整个市场的回报率通常都较低。相反地，在一个 IPO 活动贫乏的时期之后的 5 年，通常会迎来强劲的股票市场。

从一定程度上说，以上结论都行得通。当市场对公开交易股票的需求超过供给时，非上市公司更可能上市。供求失衡主要发生在需求过热、股票价格急剧上涨之时。另一个合理的解释是，IPO 数量与股市表现负相关，是因为非上市公司的管理层往往在觉察到公司在市场中的估值最高时，才决定公开募股。也就是说，只有当投资者愿意被公司敲竹杠时，公司才会卖出股票。

让我们分析一下，为什么有些公司需要增加融资？如果一家公司需要融资，其管理层可以选择发行债券或者股票。如果发行债券的市场价值比债券实际的价值高时，管理层很可能会选择发行债券。同理，如果市场愿意为他们发行的股票支付高于实际价值的价格时，管理层将发行股票。实际上，只有当公司的股票很贵时，管理层才会发行股票。这就产生了一个很有趣的信号，许多公司通过 IPO 或股权再融资发行股票，这可能意味着市场被高估了。

另外，如果股票发行的比例显著高于债券发行的历史水平，那么这表明公司的管理者一致认为市场有利可图。通常情况下，你想要买入股票的时候正是公司管理层不想卖出的时候。现在，对于投资者来说有个好消息：我们可能正处在一个 IPO 和股权再融资稀少的时期，这表示市场可能在接下来的 5 年里上涨。

A 股历史上 9 次 IPO 暂停，最近的一次是 2015 年 7 月。IPO 暂停大多因为 A 股不振，监管层希望以此限制资金冻结，维护资本市场的稳定。从 2014 年 1 月到 2015 年 7 月，新股上市即遭爆炒，大多数股票首日涨幅 44%，甚至短时间内产生翻倍行情。例如，2015 年 3 月 24 日上市的暴风科技，连续 30 个一字涨停，股价最高达 307 元，随后调整至最低 71 元。

一个重要的警告是，新股弱势会在不同的研究或者子样本公司中产生不同的效果。与本书中考察的许多策略一样，我们对 IPO 的研究结果不能适用于任何时期。因此，在一些时期，IPO 会显著跑赢大盘。但 IPO 跑赢大盘的事情不会在每家公司都发生，媒体只会倾向于关注胜利者，忽视失败者。梦想着参与谷歌下一次的股票发行，很容易使人陷入一种彩票意识（Ticket Mentality）中，但总体而言，参与 IPO 在统计上不是一项好投资。

当计算回报率时，许多 IPO 研究都假设投资者是按照公司在第一个交易日的收盘价买入新发行的股票，而不是以承销商的要价买入。投资银行通常会在招股说明书中对股票定价，价格往往低于股票在市场中交易的价格，这样做可以引起公众对 IPO 的兴趣。因此，以投资银行的参考价格进行 IPO，可能会减轻持有 IPO 股票产生的负的超额回报率。富有的投资者会运用这种策略：他们以投资银行的要价买入股票，并在几天后迅速抛售，从而获得利润。

讨论到这里，我们要重新回到格劳乔·马克思的语录了。如果一只 IPO 新股被认为会获得成功，并将在市场上产生一个远高于要价的交易价格，那么这只股票会受到大型机构投资者的强烈欢迎。然而，如果这只 IPO 新股被认为可能会失败，并不可能以超过要价的价格交易，那么这只股票将会受到大型机构投资者的冷遇。所以，这家公司就会将其提供给个人投资者或者中型机构投资者，要知道，提供给你的 IPO 新股将是那些可能会失败的股票。

如果这只 IPO 新股被认为会获得成功，那么投资银行在筹集资金上就不会遇到麻烦。因此，除了他们最为重要的客户，他们不会向其他任何人销售这只股票。除非你对投资银行来说确实是一个能够产生巨额佣金的机构，否则向你兜售的那只 IPO 新股很可能会失败。

买入回购股票的公司

还有一线生机。有时，公司会做与发行股票相反的事情：他们在公开市场中回购其公开交易的股票。这与投资者在其经纪账户中买入这家公司的股票的做法是一样的。公司会回购股票，确实有三个可能的原因。第一，公司要管理财务报告中的每股收益。如果管理层不能提高公司利润，那么提高每股收益的方法之一就是减少发行在外的股票。第二，避免股利的双重征税。如果公司仅仅将现金返还给股东，那么股东要对其收到的股利交税。股票回购是一种将现金返还给投资者，却不会产生额外税金的方法。第三，最重要的是，管理层要向市场传递其股票被低估的信号。历史数据显示，绝大多数股票回购的原因是价值被低估。

对一只股票来说，股票回购通常是好消息。如果一家公司正在回购其股票，这通常表明管理层认为公司股票被低估。管理层认为，与其把资金用于开拓市场，不如在公开市场上买入低估的股票。有些人可能会认为，舍弃配置更多资本的举动表明，公司的核心业务增长前景乏力，但数据清晰地证明，股票回购更多时候是股票价值上涨的标志。**历史经验是，当一家公司回购其股票时，你应当模仿公司的行为，并买入更多的股票。**

相对于回购股票，一些公司走得更远。他们不是在公开市场上回购其股票，而是发行一种要约回购的标的（Self-tender Offer）。要约回购没有股票回购那么常见，却是更强有力的信号。在要约回购中，公司会向现有的股东发出一份正式的公告，让他们向公司卖出固定数量的股票。一些研究指出，在要约回购前后，一种简单的交易策略也可以在一周内获得超过 9% 的超额回报率。然而，要约回购在当前的商业环境中很少出现，而且超额回报率也只在小型公司中发生。

尽管如此，一个包含进行了要约回购股票的投资组合，非常显著地跑赢了大盘。然而，大公司的要约回购显著不同。大公司倾向于在要约公告发出之前才能获得超额回报率，而一旦公告发出后就只能获得零超额回报率。普遍的解释是，大公司的要约回购是一个广义的公司重组策略，而对于小公司来说，要约回购指股价被大大低估了。

尽管要约回购不常发生，但关注股票回购的大量研究提供了非常有趣的结果。1995 年，某项研究将关注点集中在了 20 世纪 80 年代超过 1 200 次的股票回购上。研究表示，回购其股票的公司通常在回购公告发出后 4 年内跑赢大盘。

异常股票回报率（Abnormal Stock Returns）倾向于与初始的股票价格反应的方向一致，这非常像股票发行。然而，公开市场股票回购与股票发行的方向相反，趋向于正效应而不是负效应。我将这种情况归为信号传递：市场意识到，管理层回购股票是因为股票确实被低估了。

2009 年，一项用更大的样本和数据进行的研究，检验了股票回购和要约回购的超额回报率的持续性。初始的评估表明，股票回购的超额回报率不是市场在某一时期所特有的，也不是在某一些股票特有而其他股票没有的。这意味着，通过对股票回购进行骑肩，投资者可以获得超额回报率。投资者只需要小心一点——确认股票回购确实发生了，而不是仅仅公告了而已。公司没有履行股票回购承诺，或者取消股票回购，这种情况并不罕见。想要从股票回购中获利，投资者必须确认公司确确实实回购了股票。

最近的研究同样表明，套利者不能利用回购策略，但骑肩仍然能够获得超额回报率。20 世纪 90 年代超过 3 400 次公开市场回购计划显示，高的长期的超额回报率仍然十分显著，对于价值股来说尤其如此，这与他们一如既往的表现相吻合。此外，对市值更小的公司来说，股票回购策略的效果似乎更好。

一种新颖的解释是，股票回购的超额回报率与分析师的行为有关。分析师经常不愿意改变他们的想法，特别是他们已经亮出了立场的想法。相比较于突然更改买入评级，早早昭告天下不要购买某只股票的分析师对这只股票的影响，只会更加不冷不热。这可以理解为，一家公司的回购计划其实是对分析师错误预测的直接回击。公司管理层用回购公告这一方式告诉市场，不管分析师在说什么，他们的股票是被低估的。这可能解释了为什么回购在小盘股中表现更强烈，因为跟踪小盘股的分析师的人数往往更少。

如果你密切观察股票回购相关的数据，你就会发现，关于为什么公司管理层会作出回购决策这个问题，你已经有了一个准确的答案了。数据表明，股票回购的最重要的原因是，公司认为自己的价值被低估了。因此，通过对回购公告进行骑肩，你将有机会获得超额回报率。

债券并购 > 股权并购

一般而言，当一家公司宣布并购计划时，你就应该小心了。你应该避开那些实施并购的公司。实施并购的公司就像在艺术品拍卖中不断提高出价而赢得物品的人。在这种情况下，给定任意一件物品，胜利者都将支付比其他人更多的钱，他很可能过度支付了。并购案几乎也会发生这样的情况，竞争性拍卖中的胜利者几乎总是过度支付。

然而，有趣的是，注意实施收购的公司是用债券还是用股票来向收购目标公司付款。通常而言，如果收购公司是用债券付款，这可能是公司认为公司股票很便宜的信号。同理，一个用自己的股票疯狂收购的公司，实际上给投资者传递一个清晰的信号，即公司管理层认为他们的股票被高估了。

你还可以追踪公司在什么时候开始第一次支付股利，或者到底有没有支付股利。毫不奇怪的是，市场对首次开始股利支付有正的价格反应，对宣布不再给股东支付股利的股票有负的价格反应。

正如你可能预期的那样，如果你曾经持有一只宣布减少股利的股票，你就会发现，股利减少的负的反应要显著强于首次股利的正的反应。尽管有这种不对称，但通过买进那些首次实施股利计划的公司，并卖空决定停止股利支付的公司，你还是能够获得显著的回报率。这种市场中性策略的回报率似乎主要来自于空头。

2000 年 1 月，美国在线宣布以 1 810 亿美元收购时代华纳，成立了美国在线 - 时代华纳公司，创下了收购金额史上最高的记录。由于收购的金额过高，在随后的 7 年里，时代华纳股价仅上升了 20%，而同期道指升幅达到 134%。华尔街称，管理文化差异和机构臃肿，使这宗交易成为 10 年内最差的交易。

小 结

股本变大是好事？

总之，下面的做法能够挣钱。第一，避开 IPO，在股票上市后的 3 ~ 4 年里不要买入这只新股票。除非你是大型的机构投资者，否则当你有机会以承销商的要价买入这只 IPO 新股时，你应该尽可能地拒绝这次机会。这种情形有个例外，即按照荷兰式拍卖（减价拍卖，指拍卖标的的竞价由高到低依次递减，直到第一个竞买人应价时击槌成交的拍卖。——译者注）进行的新型 IPO。当 IPO 按照荷兰式拍卖进行而不是一个固定的要价时，你极有可能不会买入失败的 IPO 新股。

股权再融资的方式几乎与 IPO 一样。一般而言，对于一只股票来说，任何股票发行都是负面的。通过分析股票发行与债券发行的总金额，你可以大致判断市场是否产生了泡沫。历史上，如果股票发行相对于债券发行迅速上涨，那么市场可能要进入一段冷却期。

就股票回购而言，你应该特别注意小盘股的要约回购。如果你看到了一只小盘股的要约回购，请忽略这次要约，买入这只股票。公开市场中的股票回购是非常正面的信号。买入那些已经宣布大量回购股票的公司。随着时间的推移，你应该能够战胜市场。尽管一些人认为股票回购仅仅是一种更节税的股利支付方式，但更可能是管理层认为公司股票被低估了。

本章中讨论的所有情形都反映了信息不对称。比如，管理层比投资者更了解公司正在发生什么。如果你将管理层的行动作为其向投资者透露公司实际情况的一种信号，那么你就是在对管理层的交易进行骑肩。

要像劳乔·马克思那样，如果一家公司想向你兜售股票，不要买它们；如果一家公司想要从你这里买股票，不要卖给他们。

相反，你应该卖出那些正在发行股票的公司，并买入那些想要在公开市场中回购股票的公司。就股利来说，如果一家公司不再支付股利，你应该考虑卖出这只股票。

第7章 现金为王

让利润缓一缓吧

《大力水手》中的Wimpy有句台词："我今天从你这里买一个汉堡，很乐意在明天付给你钱。"这笔交易对Wimpy来说肯定不错，但对餐厅来说估计不怎么样。如果Wimpy明天没有付款，或者像Wimpy这样的客户非常多，餐厅的利润质量就堪忧了。

Cash Is King

THE LITTLE BOOK of
STOCK MARKET PROFITS

克里斯托弗·布朗 (Christopher Browne)
价值投资的梵蒂冈教皇
价值投资经典作品《价值投资》作者

流动性是一家企业在短期内持有现金资产的数量，它是企业抵御经济周期变动的缓冲器，可以用来支付股利和回购股票，帮助企业充分抓住可能出现的机会。此外，它还可以帮你确定公司是否负债过多，在经济不景气时是否有足够的资本持续经营。

在资产负债表上，我们第一眼看到的应该是流动资产。它包括公司的全部现金以及在相对较短时间（比如说一年或不到一年的时间）内可变现为现金的所有资产。其中包括国库券之类的短期投资、随时可用于销售的产成品或是正在加工的产品以及因顾客购买其产品而形成的应收账款。

动画片《大力水手》中有人名叫 Wimpy，他有句台词：“我今天从你这里买一个汉堡，很乐意在明天付给你钱。”显然，这笔交易对 Wimpy 来说肯定不错，但对餐厅来说估计不怎么样。

对公司来说，现在获得现金比购买者将来支付好得多。这种现金为王的理念隐藏在应计利润这个相当专业而又非常迷人的投资策略背后。应计利润投资策略帮助投资者通过关注利润的质量来战胜市场。

现金利润＞会计利润

为了理解应计利润，我们必须首先回答这个近乎存在主义的问题：什么是利润？在最基本的层面上，利润是公司的销售收入与这些销售收入所投入的成本之间的差值。如果你制作一把椅子花了 15 美元，按 30 美元的价格卖掉了，那么你就获得了 15 美元的利润。当交易很简单时，这是一个相当浅显的概念，但现实中公司的运营是极其复杂的。

在现实的公司中，现金支出和现金收入不太可能完全抵消和分摊（Spread Out）。一方面，客户很少会预先支付现金。为了让产品或服务按时交付，买卖双方通常的做法是签订合约。另一方面，公司运营投入的成本不是按季度支付的，仓库和工厂的费用都要求一次性大额支付，之后这些支出才会按照会计准则分解成季度金额，并与恰当的销售金额相匹配。

应计项目实际上是会计准则中利润的一部分。利润的另一部分来自于公司运营产生的现金。应计利润投资策略有两个基本点：

- 相信现金利润多于相信会计利润。
- 绝大多数投资者还没有弄清楚第1点。

在本章开头，餐厅从《大力水手》中的Wimpy这样的顾客身上获得的利润构成了预期的未来收益，这种收益在公司的资产负债表上被记录为资产。例如，如果餐厅最终给Wimpy一个汉堡并预期他明天会付款，那么餐厅账面上的应收账款就会增加。Wimpy承诺的支付是一种预期的未来收益。会计准则为未来收益应该在什么时候记账提供了指导方针。研究似乎表明，在资产负债表上，资产的增加而产生的利润是不确定的，因为他们取决于未来收益的估计。如果Wimpy第二天没付账，那么餐厅就必须减少应收账款的账面价值，从而遭受利润的损失。

假设有两家餐厅：A餐厅的顾客像Wimpy一样，B餐厅的顾客用现金支付，A和B两家餐厅卖同样的产品，上报同样的利润。这种情况下，A餐厅的利润质量就相对较低。如果你持有这两家餐厅的股票，且股价一样，那么你应该卖空A餐厅的股票，而买入B餐厅的股票。为什么是这样？因为市场不会深入研究餐厅的会计明细之后，才报告利润的质量。市场看到的是两家相同的餐厅，卖相同的产品，获得相同的利润，而不会意识到顾客的付款方式不同。于是，当承诺第二天付账的顾客没有按时付账时，A餐厅的股价就会下跌。实际上，当一家公司通过应计项目或会计事项而不是通过现金活动来产生利润时，它的预期收益中的一部分不会实现，其利润其实被夸大了。

一种关于应计利润的情形是，投资者过度地关注公司每季度产生的每股收益，而没有足够关注这些利润的质量。事实上，市场过于关注公司是否会战胜季度利润预期。

许多投资者都没有深入研究现行的季度报告，分析利润金额到底是来自于现金收入还是会计准则。市场只关心公司是否会战胜利润预期，而不关心公司战胜利润预期是因为其拥有用现金支付的顾客还是像Wimpy那样的顾客。

利润质量怎么样？

大约15年前的研究证明，投资者在买入或卖出股票时，往往过于关注公司的利润。学术研究似乎证明了这些研究：研究财务报表并检查利润来源之后，你能够挑选出可以战胜市场的股票。本杰明·格雷厄姆（Benjamin Graham）和他的门徒大卫·多德（David Dodd）的理念是信赖现金流。

20世纪90年代，通过大样本的股票数据，计算机化数据库提供了系统检验信赖现金流这一理念的方法。研究关注的是利润的应计量度，这种量度详述了净经营资产的变化产生的利润。

从技术上说，净经营资产＝（流动资产－现金）－（流动负债－短期债务－应付所得税）。应计项目＝净经营资产（本年年末）－净经营资产（前年年末）。实践中，应计项目＝净经营资产 ÷ 资产负债表上的总资产。如果应计金额增加，那么利润实际上是通过增加净经营资产产生的，比如增加存货或应收账款。这可能有些复杂，对那些一看资产负债表就头晕眼花的人来说，这样的总结或许更简单："应计利润很高。这不太好。"

基本的常识是，当应计项目增加时，利润的增加在很大限度上会依赖于会计人员对净流动资产的定价，而且随着时间的推移，分配到净流动资产上的价值可能被夸大。极有可能发生的是，太多 Wimpy 不付款，资产负债表上的应收账款太高了，或者购入的存货减值了，而相反的情形不太可能发生。如果应计项目高而使净利润增加，那么公司将来可能不得不冲销利润。直到 1995 年的数据似乎都支持这一判断：当利润是由于应计项目增加而产生时，投资者没有对利润进行足够的折现。

数据似乎表明，应计项目产生的利润，在更长时期内是不可持续的。如果我们看到高利润是应计项目的增加而产生的，那么这些高利润很有可能不会持续下去。然而，如果高利润是现金流驱动的，那么这些利润更有可能在更长时期内持续下去。对于投资者来说，真正的问题是市场是否意识到了这一问题：股票价格是否表现得像是投资者已经知道这一真相，即高应计利润的公司将迎来利润的大幅下滑？

过去 40 年的研究数据表明，买入有低应计利润量度的股票，卖空有高应计利润量度的股票，这种套期保值投资组合是一个市场中性投资组合，能够产生两位数的年化回报率（扣除交易成本）。高水平的应计项目或者利润是由净经营资产的变化而产生的股票，在接下来的一年内倾向于弱于大盘，这很可能是净经营资产产生的利润不可持续。

我分析了 38 年的交易记录后发现，套期保值策略在 30 年中获得了正的回报率。这似乎表明市场不知道应计项目产生的利润是不可持续的，并错误地给他们支付了收益。投资者似乎被现行的报告利润蒙住了双眼，忘记了利润的质量。

从 1998 年开始，套期保值策略的回报率逐渐下降。1996 年之前，套期回报率除了一个年份是负的，其他年份都是正的。然而，1996 年之后，仅一半年份产生了正的回报率。

一种可能的解释是，随着投资者试图利用应计项目策略，这一策略的回报率因为套利或交易消失了。富有经验的大型投资者在 1996 年之前似乎还不了解利润质量，但当应计利润的研究报告被广泛地传播后，投资者开始实施套期保值策略，对低利润质量过度支付的定价在几年时间里被错误地纠正了。

这种解释似乎合理，但又不太可能。事实上，1996 年，大多数有效的股权投资决策仍然是在考察利润质量的前提下作出的。然而，可以肯定的是，大型机构资产管理者雇佣了许多关注应计利润的研究员，而且应计利润成了许多量化投资者的最爱。另外，加州大学伯克利分校的理查德·斯隆（Richard Sloan）详述应计项目回报率的开创性文献，成为美国引用率最高的会计研究文献之一。然而，研究数据仍然支持应计现象被利用的理念，这表明机构持股比例较高的股票更加准确地反映了应计项目的持续性。该结论与这一异象被散户利用的结论是一致的。

“高利润”公司股债双杀

同样可能发生的情形是，那些有非常高的应计利润的公司的股票往往非常缺乏流动性和稳定性。因此，投资者应该在那些应计利润交易可能发生的市场实施应急利润策略。这种小的、缺乏流动性的证券可能有很高的应计利润，但几乎不可能在不影响其价格的前提下卖空或买进他们。

令人心生疑虑的是，研究发现，随着时间的推移，有很高的应计利润的公司的债券同样倾向于弱于大盘。这非常奇怪，因为多数情况下，债券投资者相对于股权投资者更可能关注现金流。或许，一位股权投资者会根据无形的未来利润增长对股票定价，但债券投资者不太可能这样做。多数情况下，他们的关注点是利润金额和债务偿付比率。通过债务偿付比率，人们可以预期利润质量在投资决策方面的作用。

无论如何，在营运资本是总资产重要组成部分的行业中，应计利润策略似乎更加有效，比如建筑、计算机、电子设备、玩具等。而在制药、矿产和能源等行业，应计利润策略似乎不是那么有效。其中的逻辑很好理解，因为能源公司的净营运资本对公司价值的贡献很少，其价值主要由能源储备驱动。对制药公司来说，价值的关键决定因素是市场对诸如热销药、已批准药物和非仿制药等药物产品的需求，而不是资产负债表上应收账款和存货的水平。然而，建筑公司如房地产商，必须在他们的资产负债表上持有大量的存货，即新建的楼盘。如果一家房地产公司的利润在增长，同时未卖出去的存货也在大量增加，那么其存货可能定价过高。然而，对盈利意外反应更迅速的公司，似乎也对应计利润表现出了更强的反应能力。

如果想避开可能的负的会计事项，应计利润策略将是一种相当有效的方法。那些不能准确分析市场趋势而不能平衡高利润的公司，更倾向于高估其市场需求，最终发现自己的存货过多。这种情况下，公司往往会重述其利润如何之高，而在这之后通常会发生负面的结果。

2008年金融危机期间，雷曼兄弟破产了。当时，雷曼在全球共有25 000名雇员，资产约6 000亿美元，但负债超过10 000亿美元。庞大的衍生品亏损头寸，让一个财务稳健的公司瞬间消失了。账面上的价值，或者未确定的利润，在未来仍存在非常大的不确定性。人们普遍高估了这些公司在面临风险时的应对能力。

避开有高水平的应计利润的股票，买入有低水平的应计利润的股票，这似乎是一种全球通用的策略，在那些法律和金融体系与美国或英国相似的国家尤其如此。

对投资者来说很有趣的是，当实施应计利润策略时，数据的时效性并不那么重要。本书中讨论的许多投资策略都要求投资者要尽可能快地根据数据行动。在应计利润策略中，根据已经在公共领域存在了几个月的数据做决策，似乎并不会降低回报率。可能是因为，应计利润策略的超额回报率，往往发生在评估公司发布下一次利润报告之时。那些有高应计利润的公司可能倾向于报告负的盈利预测，从而产生一个低于正常回报率的回报率，但这些较低的回报率通常发生在负的利润预告或者实际的利润报告发布之时。

另一个可能的解释是，应计项目的超额回报率与持有价值股有关，因为有高水平的应计利润的公司更倾向于具有高成长性。还有，基于应计利润的选股标准产生的超额回报率，比基于估值指标的超额回报率更具有持续性，至少在 1996 年之前是这样。应计利润的超额回报率，可以对传统上用来选择价值股的现金流倍数进行调整，而且这种超额应计利润回报率通常能够持续下去。

应计利润策略的一个著名案例是 2008 年的金融危机。在金融危机之前，银行主要通过发行不良贷款而报告增长的利润。这些不良贷款通过资本化被记在资产负债表上，产生了高的应计项目和利润。因此，银行的利润不是源于更高的现金流，而是源于产生了更高的应计利润的会计假设。从根本上说，次贷危机是因为银行发行了不良贷款，并将这些被错误定价的资产记在账面上。结果，利润过度增长，银行股被显著地高估。

小　结

避开存货激增的公司

投资者可以实施应计利润策略，但这一策略最好与其他策略一起使用。研究员认为，应计利润产生的超额回报率在2000年左右开始消失，而这一策略被首次发现是在1996年。相比较于共同基金和大型机构投资者，应计利润策略似乎更多地被对冲基金使用。无论如何，请记住，诸如存货和应收账款之类的资产负债表项目的增加而产生的高应计利润，经常意味着利润的不可持续。

投资者还要记住，应计利润在空头要比在多头更有效。例如，与其寻找有低水平的应计利润的公司，还不如避开有高水平的应计利润的公司。有高应计利润的公司可能高估其会计资产的未来收益，而一个有相对较低水平的应计利润的公司，可能仅仅是一家现购自运的公司。仅根据低应计利润来进行股票筛选的话，结果就是将关注点聚焦在增长水平较低且有正的现金流的公司上。如果一家公司没有应收账款也没有存货，其应计利润也可能较低。

另一个应计利润策略的负面消息是，正如之前所述，那些有过高或过低水平的应计利润的股票，主要是低市值的、交投清淡的股票。好消息是，这样的证券能够被个人投资者获得，而不太可能被对冲基金或者机构投资者看中。因此，应计利润策略产生的高超额回报率，可能在那些由于波动性而很难被对冲（Hedge）的小盘股中持续下去。

对于投资者来说，应计利润策略非常有用的一面在于，它可以指导基本面分析类型。投资者应该避开那些净经营资产正在增长的公司，也就是避开那些呈现出高水平的应计利润的公司。随着时间的推移，资产负债表上经营资产的增长引起的利润增长不可持续，而且存在被高估的可能性。

在我看来，应计利润策略的最佳使用方法是，发现那些应该避开的股票。投资者应该特别注意那些存货正在急速增长的公司。我的经验是，过度增长的存货水平往往暗示着其利润的不可持续。同样可能的情况是，有高水平的应计利润的公司更可能报告负的盈利预测。你必须小心，当一家公司呈现出强劲的增长势头时，应计利润确实会提高。因此，将应计利润和其他方法结合使用非常重要。

最后，你应该寻找“大力水手”公司，他们正通过增加经济的机会而吃到更多菠菜，变得更加强大。同理，你应该避开那些利润是由 Wimpy 型顾客驱动的公司，他们今天卖汉堡，但要到明天才收到账款来实现利润增长，投资他们可不是个好主意。找到那些收回现金而不是提高净经营资产来增加利润的公司。总的来说，公司对自己净经营资产价值的估计，往往太过乐观。因此，你应该避开那些有高应计利润的公司。

第8章 定价模型

便宜的价值股

在NBA赛场，人们看到乔丹一个接一个地投篮命中，便判断乔丹手气很好或者在走好运。统计分析表明，一名球员已经完成了一串成功的投篮，那么接下来的命中几率并不会提高。就像成长股极高的增长速度，看起来不会一直持续下去。

It's Worth What?

THE LITTLE BOOK of STOCK MARKET PROFITS

戴维·M. 达斯特（David M. Darst）
摩根士丹利创始人兼首席投资官
畅销书《巴菲特的资产配置法》作者

预估资产的未来收益既是门艺术，也是种科学；既需要了解过去，也需要把握现在。预估大多数资产类别的收益，首先需要考虑近 1 年、3 年、5 年、10 年、20 年时间里该资产实际产生的收益额。对于不同的资产类别，收益预估的方式不同。就股票资产类别来说，收益的估算要考虑以下因素：实际收益（Real Earnings）的增长、预期通货膨胀率、市盈率（Price-earnings Ratio）和既定期限内预期分红。对于固定收益的资产类别来说，计算收益的变量包括当前利率、通货膨胀率、发行人的信用度以及利率和通货膨胀的预期变化。

8

有关股市投资有个基本结论：你无法在不承担风险的情况下获得回报。如果你想获得超过平均水平的回报，那么你必须承担超过平均的风险。

市场异象实际上是对天下没有免费的午餐这一原则的挑战。在市场异象中，你可以在不必承担额外的风险的情况下，获得额外的投资回报。

在一定程度上，研究员一致认为，在长时期内买入价值股可以获得超过市场的超额回报率。然而，对于持有价值股的投资者是否需承担额外的风险来换取额外的回报这一问题，研究员尚未达成一致。

不管咨询哪一位商学院的教授“我应该买入什么类型的股票”，答案通常是强烈推崇价值股。教授不是回避高成长的股票，也不是因为吝啬的态度而不肯倾囊相授。正好相反，这是对美国和海外的数据进行分析之后得出的有效结论。

回顾过去的 85 年，你会发现从 1927 年开始，价值股在 58% 的时间里都比成长股表现得好。在一些年份，你甚至会看到价值股的表现超过成长股的 20% 还多。

在股票数据尚需投资者用计算尺人工计算的时期，人们或许会就其准确性和相关性争论，但在科技如此发达的今天，你或许应该承认这些数据库既干净而准确。如果是这样，你会得出以下结论：买入那些在各种价格比率下，看来都比较便宜的股票。随着时间的推移，你将获得超额回报率。现在看来，价值股，连同孩子们周二下午在国际薄饼屋吃到的那顿饭，可能是市场中仅存的免费的午餐了。

如何衡量价值的大小?

许多价值研究通常会先根据一种价值量度将股票分成五个类别。第一组股票是相对便宜的，而第五组股票通常是很贵的。创建组别的指标通常是市净率，但也可以是普遍使用的市盈率（每股价格与每股收益之比），甚至是现金流的倍数。我认为市盈率是价值的一个更佳的裁决者，但不管使用的是何种估值指标，绝大多数研究都得出了相似的结论。

市净率，即每股价格与每股股东权益之比，关注的是投资者为账面价值支付了多大的倍数。账面价值通常是一家公司的会计价值。考虑账面价值的最佳方法是考察公司资产的会计价值与公司负债的会计价值之间的差值。价格是指投资者在公开市场中为公司股票支付的价格。市净率可以考察投资者对公司未来的盈利前景的兴奋度。衰退中的公司往往会在一个较低的市净率价值下交易，而未来将征服世界的公司通常会在一个较高的市净率价值下交易。

仔细观察相关数据，你就会发现，随着时间的推移，价值股上的超额回报率绝对不会稳定在同一水平。在一些年份，成长股完全地击败了价值股。回想一下1995—2000年，成长股在当时大行其道，并保持了相当长的一段时间。然而，在其他时期中，价值股也获得过超额回报率。

市净率是每股股价和每股净资产的比值，尤其适用于周期性行业的个股。比值越低，投资者承担的风险越低。在A股市场上，盘面转熊，或者处于熊市之中，产能过剩行业常常遭到投资者抛售，股价甚至低于账面价值。投资者可以适当地参与破净的股票。当然，对于上市公司的净资产也要具体分析，有些能够帮助企业持续经营并创造利润，有的则可能纯粹是“破铜烂铁”。

1934年，著名投资大师本杰明·格雷厄姆和他的门徒大卫·多德发表了经典的《证券分析》（*Security Analysis*），首次提出了价值股比成长股有更高回报率的假说。尽管投资组合管理理论（Portfolio Management Theory，简称PMT）在20世纪后半叶很流行，但统计检验还是将市净率或者市盈率作为价值指标的价值异象。

研究了相关的数据之后，绝大多数投资者得出了这样一个结论：在长时期内，价值股比成长股表现得好。持有价值股的风险是否更高的问题，取决于怎样度量风险。资本资产定价模型（Capital Asset Pricing Model，简称CAPM）自从20世纪60年代中期开始流行，已经成为评估风险和回报之间金融关系的范式。这一模型对风险的看法基本归结为：如果你想要获得更高的预期回报率，那么你必须承担更高的风险。然而，通过持有一篮子股票，任何单只股票相关的风险都可以被分散掉，你承担的风险与任何单只股票无关。

CAPM 通过预测一只股票的预期贝塔值或者其与市场联动的程度，来确定这只股票的风险因子。结论是，每只股票都面临其特有的风险。苹果公司新的 iPhone 手机会成功吗？中国会从波音公司订购一架新飞机吗？花旗银行能够冲销抵押贷款的损失吗？这些股票特有的风险确实会影响股价，但在多数情况下，各只股票相互独立。

如果一只股票的风险与其他股票的风险相互独立，那么持有大量的股票就可以把这只股票的风险分散掉。如果你持有 1 000 只股票，每只股票权重相等，那么任何一只股票的个别风险都将消除或者分散掉。唯一的风险就是，所有的股票都在以相似的方式运行。在经济放缓时，购买新 iPhone 手机的人会减少，中国可能取消飞机订单，花旗银行可能会遇到更多的抵押贷款违约。在这样的经济环境下，就算你持有成千上万只股票，衰退的风险也不可能被完全分散掉，甚至所有的股票都会面临风险。CAPM 认为这种风险由股票与市场联动的程度决定，你度量这种风险的方法就是考察历史上这只股票如何与市场联动。这种量度被称为一只股票的贝塔值。

因此，CAPM 预测到，投资者的超额预期回报率与这只股票的贝塔值成比例。然而，20 世纪 60 年代末和 20 世纪 70 年代初期进行的 CAPM 实证检验，揭示了一些不能用股票的贝塔值来描述的股票回报率形态。

CAPM 下的股票预期回报率最显著和最持久的偏差与价值股有关。随着时间的推移，价值股不仅跑赢大盘，还倾向于胜过你根据贝塔值预期到的股票表现。

看上去，买入价值股似乎就是得到了免费的午餐，而且你得到的超额回报率大于你所承担的股票贝塔值给出的风险。因此，如果你在过去一个世纪都持有价值股，那说明要么世间真的存在免费的午餐，要么风险量度根本不起作用，要么这一个世纪贝塔值都很糟，要么你真的撞大运了。

价值股跑赢大盘

随着时间的推移，价值股能跑赢大盘的原因之一是人们会有偏见。人们倾向于被“热手效应”影响，而所有的证据都给出了相反的意见。

在迈克尔·乔丹的黄金年代，人们看到乔丹一个接一个地投篮命中，便判断乔丹手气很好或者在走好运。这样的判断可能意味着乔丹将来更有可能得分。实际上，人们倾向于过分强调过去的表现，但对篮球运动员的统计分析表明，如果一名球员已经完成了一串成功的投篮，那么他接下来投篮命中的几率并不会提高。乔丹可能看上去手气很好，但现实并非如此。就算乔丹过去的投篮命中率很高，但这不会改变他下一次投篮命中的几率。事实上，乔丹投篮命中的几率与他过去是否命中篮筐没有相关性。

数据非常清楚地证明了以上结论，但如果你将这一点讲给一名资深球迷听，对方仍然会被“热手效应”影响，坚信之前表现好的运动员会有更好的表现。正如资深体育迷被“热手效应”锁定，投资者也会相信成长股会继续表现良好。

投资者经常过度关注一只股票最近的表现和其销售收入和利润的趋势。就像篮球迷那样，投资者可能会从股票最近的表现推断其成长性，并错误地假设这一成长性将继续下去。尽管高成长的公司可能真的在以超过平均水平的速度增长，但同样可能的是，成长型公司仅仅在几个季度内表现得好。

实际上，在应对利润增长时，经常发生的情况是，无所不在的竞争和均值回复会抬头，历史上的高增长率会迅速地回归到更合理的水平。最终，总体而言，成长股可能从来不会达到由最近的表现引发的预期的高水平。结果，成长股倾向于比预期表现得差，并落后于市场。因此，价值股跑赢大盘事实上可能是成长股弱于大盘。

价值股和成长股是一个相对概念。第一，用市盈率做指标，把股价除以每股利润得出一个倍数，倍数少的是价值股，倍数大的是增长股；第二，是用市净率做指标，把股价除以每股资产净值得出一个倍数，倍数少的是价值股，倍数大的是增长股；第三，是用派息率做指标，把每股派息除以股价得出一个比例，比例高的是价值股，比例低的是增长股。对于价值股来说，过去业绩的参考性显著地下降，再次出现转机的时刻需要一段时间。

投资者可能非理性地用最近的销售增长来预测未来，并对过去增长很快的公司表现得过度乐观，对过去业绩不佳的公司表现得过度悲观。

价值股能跑赢大盘的另一种可能原因是，投资者会选择基本面非常好的公司，而不论这些公司是否被公允地定价。也就是说，投资者倾向于对成长性过度支付，因为他们喜欢，或者说他们的客户喜欢。从来没有投资组合经理向投资委员会解释过，为什么他们会将可口可乐作为股票选择，但他们会试着解释，为什么在金融危机时期持有美国银行。需要投资组合经理作出解释的是那些近于陷入困境或者濒临破产的公司。因此，为了看起来更光鲜，投资者可能想要持有利润在增长并且比较稳定的好公司，无论这些公司是否被公允地定价。结果，随着时间的推移，因为投资者非理性地买入了成长股，价值股战胜了成长股。

价值股能跑赢大盘的第三种解释是，投资者会陷入那些有更多的媒体和分析师跟踪的成长股，他们确信这种成长股是更好的投资选择，并倾向于对他们过度支付。通常，成长股被卖方分析师大肆宣传，投资者渐渐开始相信这种宣传。回想一下，当年的互联网泡沫其实在单只股票层面表现得并不那么强烈。

以上所有的解释本质上都是心理层面的。价值股会被认为比成长股表现得好，是因为投资者反复地犯同样的错误，一再相信这一次的成长股会产生更高的回报率。也就是说，投资者的头脑往往过于兴奋。尽管这种头脑发热对另一些投资者来说不是坏事，但当金钱最后陷入危险之中时，兴奋的投资者就会快速觉察到这一点。总体而言，投资者不大可能因为极度兴奋的认知偏见而反复犯同样的错误，因为我们讨论的不是公牛队，我们讨论的是一次又一次被错误配置的数以亿计的金钱。

破产的价值溢价

价值股超额回报率的第一个经济解释是，市净率较低的股票承担了更高的公司经营失败的风险。也就是说，股票被认为有价值的公司更可能破产。

按照这一逻辑，价值溢价是投资者在承担公司破产、股票变成废纸的风险的补偿。随着时间的推移，价值股跑赢大盘是因为价值股更有可能破产。确实有许多有深度价值的股票破产了，但那些冲破困境、回到良好财务水平的股票，其价格最终上涨了，给投资者带来了超过其在破产阶段损失的回报。当选择价值股的分散投资组合时，价值股的破产风险被部分消除了，但剩余部分的风险仍足够吓退不少投资者。因此，他们才会对成长股过度支付（成长股在单个股票层面上陷入财务困境的风险更低）。深挖历史数据你就会发现，较低的市净率确实预示着未来利润将较差，而较高的市净率则预示着强劲的未来利润。非常可能的情况是，投资者只对那些有令人愉快的利润的成长股过度支付。这似乎表明，价值股的超额回报率可以从违约风险中解脱出来了。

研究价值股的重要挑战之一是，很难将相关的理性解释和行为解释区分开来。每一种资产定价检验都是市场理性和资产定价模型的联合协作，后者通常用来描述风险因子。换句话说，对于异常的回报率，我们根本无法判断市场参与者是否理性，或者模型是否正确。

我们真正知道的是，买入价值股需要付出代价，就算你以一种与众不同的方式度量价值。

企业倍数（Enterprise Multiple，简称 EM）是一种标准财务价值指标，定义为企业价值（普通股＋优先股＋债务－现金）与折旧前的营业利润（EBITDA）之比。这与投资银行家估值的方式相似：整家公司的价值是由股东权益和债务共同决定，然后除以整个公司的现金流。这种量度与公司的融资方式无关。

如果一家公司有一个较低的 EM，它会被认为是价值股。相反，有更高 EM 的公司几乎总被归类为成长股。值得注意的是，低 EM 公司和高 EM 公司的平均月回报率的差异可能非常大。按照等权重回报率，二者的回报率差异一般在 1% 左右，但运用价值权重时，回报率差异会下降到约 0.5%。

在过去 45 年里，最便宜的公司的表现比最贵的公司每年约高出 10%。当你采用价格计算价值，并将这一价值按照基本面特征标准化，你似乎就能选出那些随着时间的推移会跑赢大盘的股票。（采用市盈率倍数也能获得相似的结果，不论考察的是预测利润还是历史利润。）

不惧衰退期，政府兜底！

不仅在美国买入价值股具有意义，在国际上买入价值股同样有意义。除了一些比较特别的市场（比如意大利），价值股在绝大多数国际市场中都比成长股表现得好。或许，对于漫不经心的观察者来说，价值股与成长股之间的差异可能不是那么明显，但按照市净率计算，一个国际价值股投资组合的表现比一个国际成长股投资组合每年高出差不多 8%。

所以，就算你在美国或者海外买入股票，买入价值股也是有意义的。沉下心来钻研数据后，你会发现，买入价值股产生的超额回报率在衰退时期是最大的，即当经济承压时，价值股产生了回报。事实上，持有价值股的超额回报率是反周期性的。具体指的是，超额回报率在衰退时期会提高。

国际数据和经济周期的结果与价值溢价基于风险的解释保持一致。也就是说，投资者往往会在衰退时期更加关注破产的可能性，结果更加激进地蜂拥到了成长型公司。价值股表现较好是因为在衰退时期，每个人都担心价值股会破产。但这种处在黑暗中心时的恐惧绝不会变成现实。当经济复苏时，价值股会产生高额的回报率。

之所以会这样，可能是政府的干预。在重大的衰退时期，市场的作用会减弱，作为最后贷款人的政府会介入并阻止大规模债务违约的发生。如果联邦政府在 2008 年不采取稳定市场的措施，过去 30 年中持有价值股产生的回报率与持有成长股的差异可能非常大。可以确定的是，全球性的衰退之所以没有最终发展成经济大萧条，正是政府干预的结果。持有价值股的风险就相当于全球性的衰退变成现实的风险，这种风险会导致大量的价值股发生债务违约且价值归零。

如果一家公司没有债务，比如大型科技公司，那么它绝不会因为衰退而破产。然而，对于有大量债务的公司来说，情况往往不是这样。如果你选择出高价买入那些不会因为经济衰退而破产的公司的股票，其实就相当于付出了价值溢价。

因波动小被错误定价

研究表明，价值异象不仅会随着时间的推移持续下去，也会受到被检验股票的类型影响。最近一些非常有趣的研究显示，那些价格波动得非常厉害的股票，价值溢价往往更高。也就是说，波动性很高的股票倾向于呈现出更高的价值溢价。

股票的波动性越高，价格波动越剧烈，机构投资者就越难对冲这只股票，这只股票有价值异象的可能性就越低。

此外，更高的交易成本和更低的投资者成熟度，似乎也对价值股的超额回报率作出了贡献。也就是说，如果被检验的股票主要是被个人投资者持有，那么价值股的超额回报率倾向于更高。

解释以上结论的方法之一是，证明价值溢价是由错误的定价引起的，这种错误定价往往被机构投资者消除了。机构投资者参与套利交易的难度大小，可能决定着价值股产生超额回报率的程度。

一个相似的结论是，如果价值溢价由错误定价产生，那么机构交易量低的股票的价值溢价应该更高。的确，机构投资者比个人投资者消息更灵通，而且平均而言，机构投资者应该能够更有效地利用被错误定价的价值股。

小结

买入价值股

如果要买入价值股，那么你应该买入什么样的价值股呢？下面有一些简单的规则，他们能够帮助你发现好股票：

任何地方的价值股都值得买入，不论是美国的还是国际的。价值溢价普遍存在，你没有任何理由放过全球范围的任何价值股。

在衰退时期买入价值股。在衰退时期，投资者更关心破产并会蜂拥到成长股。这正是买入价值股的好机会。

寻找价格波动剧烈的股票。其他人可能认为这些公司随时可能破产，但实际上那是杞人忧天。此外，机构投资者将很难在空头对冲这只股票。

买入那些交易成本更高且机构持股比例更低的股票。从常识的角度来说，由于这样或那样的原因，当机构投资者很难持有一些股票或者对一些股票感兴趣时，你要买入价值股。

以上规则会将我们的目光引向小盘股。长时期遵循以上规则，你或许能够在不承担超额风险的前提下，获得超额回报率。请记住，你必须持有价值股很长一段时间，因为价值股倾向于跑赢大盘，但我们很难知道那会在什么时候发生。

如果你买入价值股，你必须严格自律。我们听到过许多警世的故事，比如某位价值经理最终放弃了价值股，转而投向更具吸引力的成长股，却刚好赶上了 2000 年的科技泡沫。

第9章

盈利意外

不断出现的礼物

当你在厨房看到一只蟑螂时，总会有更多的蟑螂出现。在这方面，投资界与厨房非常相似。当你发现一家盈利增长超预期的公司，市场上不久会出现更多盈利增长超预期的公司。投资需要一点点想象力！

Earnings Surprises

THE LITTLE BOOK of STOCK MARKET PROFITS

路易斯 · 纳维里尔 (Louis Navellier)
著名成长股投资大师
经典作品《巴菲特的选股真经》作者

在我们的分析标准中，盈余惊喜无疑是最有说服力的指标之一。那些连续超越盈利预测的股票，也许就是股票市场上的汤姆 · 布雷迪，能给我们带来冠军般的业绩。投资分析师因为能够准确预测公司经营状况而让自己过着上等人的生活。当我们的股票不断超越分析师的盈利预测时，股票价格就应该不断上涨，因为只有这样，股价才能反映新的、同时也是更高的盈利预测和估值。

显然，它们很容易就能成为选择成长型股票的最佳工具，从而让我们胸有成竹地对净资产作出乐观预测，让我们悠然自得地去预见更美好的未来。

上市公司按季度提供利润报告。超过市场的超额回报率的最有趣的方式之一是，关注公司在报告利润后股票价格如何变化。对市场来说，问题的关键不在于公司的利润是否强劲或者是否同比增长，而在于利润相对于市场的预期来说表现如何。当一家公司报告的利润显著高于或低于市场的预期时，这就叫作盈利意外。

在扎克斯投资研究公司，我们创建了一种度量市场对公司利润预期的指标。20 世纪 80 年代初，我们发明了季度一致利润预测（the Quarterly Consensus Earnings Estimate）的概念。季度一致利润预测跟踪的是一只股票的卖方分析师发布的季度利润预测的平均数。实际上，季度一致利润预测在量度“市场预期公司在下一季度将会获得的每股利润”。我们不知道市场对利润的预期，但一致利润预测是唯一已知的对市场预期的替代性变量。

过去 30 年里，大量研究表明，那些报告利润高于一致利润预测的公司，倾向于在之后几个月内跑赢大盘。反过来，那些报告利润低于一致利润预测的公司，倾向于在之后几个月内弱于大盘。

在研究文献中，股票在盈利意外之后的几个月里产生超额回报率情况，称为盈余公告后价格漂移。由于与市场有效的理念相悖，与盈余公告后价格漂移相关的研究非常多。实施盈余公告后价格漂移策略，似乎能够获得超过市场的回报率。

盈余公告的“威力”

获得超过市场的超额回报率的一种方法是，将股票根据盈利意外进行排名。我的建议是，购买那些排名靠前的股票（报告了大额正的盈利意外的股票），避开或者卖空那些排名靠后的股票（报告了大额负的盈利意外的股票）。这样你就可以构建一个市场中性投资组合。

市场中性投资组合的表现完全独立于市场的变化，它完全由这一投资组合的多头是否比空头表现得好来决定。例如，如果市场下跌了 10%，但多头仅仅下跌了 8% 且空头下跌了 12%，那么投资组合将产生 4% 的回报率。同理，如果市场上涨了 20%，而多头上涨了 22% 且空头上涨了 18%，那么投资组合仍将产生 4% 的回报率。也就是说，市场中性投资组合的回报率是由多头和空头之间的价差决定的，而不是由市场的回报率决定的。

过去 30 年的各种学术研究表明，根据盈利意外构建的市场中性投资组合，每季度产生了 4% ～ 7% 的回报率（扣除交易成本）。

在扎克斯投资研究公司发明季度一致利润预测之前，度量盈利意外的是趋势线分析（Trend-line Analysis）。这基本上意味着，在 20 世纪 70 年代，盈利预测的依据是利润相对于上一年同季度的增长率。最初的研究发现，强劲的利润增长的公司的股票价格会上涨。然而，一些未预期到的事情同样发生了：那些利润增长最快的公司的股票价格会持续比市场上涨得快。就算随后的利润增长并不显著了，也是如此。

根据季度一致利润预测来计算盈利意外时，我们发现了更显著的结果。在过去 30 年中，广泛的研究清楚地表明，盈利意外排行榜前 10% 的公司在下一个季度将持续跑赢大盘，而处在排行榜后 10% 的公司会持续弱于大盘。

一旦一家公司的盈利预告大幅超预期，市场马上会产生反应。其中，延续性的高利润增长速度，必然受到市场的青睐，上涨幅度将会十分惊人。此外，下一次盈利预告的间隔期最少为 3 个月，期间无法及时证伪。就算下一阶段的利润增长速度稍慢，市场依然会在一定的时间段里给其较高的估值。

在最基本的层面上，一家公司公告利润后，如果这家公司的利润显著高于分析师的预期，那么投资者应该将这家公司的股票加入到投资组合中，并持有 3 ～ 12 个月。

盈余公告后价格漂移都已经被证明相当稳定。本书中讨论的其他策略会在不同时期波荡起伏和变化不定，但盈余公告后价格漂移在各个时期都能够找到。

一项研究表明，1988—2005 年，不管是极端正的还是极端负的盈利意外的公司，其每年的年度套期保值回报率都是正的。有些研究也发现，市场中性投资组合的回报率会有所不同，但几乎所有研究都发现，根据盈余公告后价格漂移构建的套期保值投资组合确实产生了正的回报率。有趣的是，不同时期的套期保值回报率非常接近。

在20世纪70年代末期和20世纪80年代初期，每季度套期保值回报率的差异均在4.4%～6.3%。在20世纪90年代到21世纪初，每季度套期保值回报率基本相同。

盈利意外对未来的预测能力，似乎比其对下个季度的预测能力要强。最近一项研究指出，由极端正的和极端负的盈利意外构建的投资组合的回报率差异，在12个月之后是14%，在两年之后是20%，在3年之后是24%。这清楚地说明，持有在统计上获得了正的盈利意外的股票，你就可能在下个季度跑赢大盘。

此外，盈余公告后价格漂移对投资者反应速度的依赖性不强。非常重要的是，盈余公告后价格漂移不是指利润报告后为期一天的流行。在度量盈利意外带来的价格反应时，几乎所有的研究实际上都不会第一天把这个纳入考量。早期的一项研究指出，大约只有13%～20%的盈余公告后价格漂移发生在盈利意外之后的五天内。

事实上，研究似乎表明，大部分的盈余公告后价格漂移发生在下个季度的盈余公告发布之时。这实际上意味着，这个季度的正的盈利意外，倾向于在下个季度的盈余公告发布之时，才表现出正的超额回报率。从某种程度上说，正的盈利意外似乎对未来正的盈利意外有预测能力。蟑螂效应产生了。当你看见一只蟑螂，你就应该想到其实厨房里隐藏着更多蟑螂。

蟑螂效应：不只有一个盈利意外

蟑螂效应指的是这样一种现象：当一家公司报告一次盈利意外时，更多的盈利意外很有可能随之而来。你可能只碰见了一只蟑螂，但总会有更多蟑螂出现。在这方面，投资界与厨房非常相似。

现在，如果一位投资者在初次看到正的盈利意外时选择完全忽视它，那么其他投资者将抬高股价以制造蟑螂效应，未来很有可能出现盈利意外。如果说市场完全有效，那么盈利意外的效力会消失，但数据可不是这样的。正好相反，数据指出，盈余公告后价格漂移在继续。

在计算盈利意外时，很重要的一点是，盈利意外是可以累计的。这实际上意味着，必须使用相同的会计程序来计算利润预测和利润。

在盈余公告后价格漂移的研究中，盈利意外的定义有所不同。最早的研究中使用的我们之前解释过的趋势线延伸模型。在这一模型中，盈利预测的依据是利润相对于上一年同季度的增长率。最近的研究关注利润报告和一致利润预测。一致利润预测通常是指扎克斯投资研究公司计算出的季度利润预测。自从我们创造这一指标开始，我们便有了历史最长的一致利润预测数据。此外，一些研究使用某一研究公司或者经纪公司的单个分析师作出的利润预测。

计算盈利意外的另一种方法是，关注一只股票在报告利润期间的股票价格回报率。这种盈利意外量度方法的理论支撑是，所有的市场预期会在价格移动中显示出来。对比各种不同的盈利意外计算方法之后会发现，一致利润预测比以历史季度利润更有效，前者在多头上的效力是后者的2倍，在空头上的效力是1.2倍。另外，相对于根据去年的利润计算出的盈利意外而构建的套期保值投资组合，根据一致利润预测计算出的盈利意外而构建的套期保值投资组合的回报率更高。

一些投资者相信，所有公司基本上都会为了降低盈利意外而进行盈余管理。于是，他们会将苹果公司拉出来作典型。确实，苹果公司倾向于使分析师的利润预期保持在较低水平，这样分析师才能够总是报告正的盈利意外。像苹果这样的公司，实际上正试图少许承诺，多产出利润，这就像是一位好经理试图讨好其上司一样。然而，研究似乎指出，卖方分析师总体而言倾向于表现得过度乐观而不是过度悲观，而这些乐观的利润预测将被用来创建一致利润预测。

那么，为什么盈余公告后价格漂移现象在被发现之后还能够继续存在30年呢？为什么盈利意外对未来的价格移动会有如此强有力而又一致的预测呢？正如我们在其他几种投资策略中看到的那样，超额回报率是否存在这个问题，直接影响着交易的方式和回报率的多少，对于上述两个问题的解答也需要遵循同样的逻辑。

对于盈利意外为什么会继续存在，可以从三个角度解释：从理性或者基于风险的解释；行为解释；源自交易成本或执行成本的解释。

风险解释：基本面干扰

盈利意外之所以会产生超额回报率，基于风险的解释是，持有大额正的盈利意外的股票的投资者会承担额外的风险。大额正的盈利意外产生的超过市场的超额回报率，仅仅是对投资者承担额外风险的一种补偿。另一种可能的解释是，盈余公告后价格漂移的有效性与宏观经济因素有关。一些研究似乎表明，在高通货膨胀时期，盈余公告后价格漂移程度最强。面对通货膨胀，投资者往往会像温水中的青蛙一样反应不足。实际上，投资者往往会认为通胀不会持续下去，通胀驱动的大额正的盈利意外的股票不会被抬得很高。与这种分析一致的是，研究表明，基于盈利意外构建的套期保值投资组合的回报与第二年的工业生产、实际消费和劳动收入成负相关关系。

另一种解释是，盈余公告后价格漂移反映了公司在流动性方面未预期到的变化。也就是说，相比于负的盈利意外的公司，正的盈利意外的公司比对市场层面的流动性波动更加敏感。

这两种解释都不能排除基本面的干扰。基于风险的解释，不能解释风险敞口如何随着利润报告而变化。如果盈余公告后价格漂移确实是不同的风险敞口引起的，那么当一些公司被吸收进套期保值投资组合时，风险敞口必将随着这些公司的盈余公告而变化。有些证据表明，相对于负的盈利意外的股票构成的投资组合，正的盈利意外的股票构建的投资组合可能具有一些不同的风险特征，但这绝不意味着这些风险特征或者风险敞口会随着盈余公告而变化。

在研究了盈利意外超过 10 年之后，我的基本观念是，在多数情况下，那些报告负的盈利意外的股票与那些报告正的盈利意外的股票之间确实有一些不同的风险特征，但盈余公告后价格漂移更多的与投资者如何处理数据相关，而不是与风险水平的差异相关。

行为解释：“慢半拍”的机构

另一种关于盈余公告后价格漂移的解释是，投资者行为的结果。准确地说，盈余公告后价格漂移是由个人投资者引起的。基本思想是,机构投资者的持股比例与盈余公告后价格漂移负相关。这意味着，盈余公告后价格漂移随着投资者成熟度的提高而降低，投资者基础经验越丰富，盈余公告后价格漂移就越低。其他研究显示，盈利意外的媒体报道增加，也可能引起价格漂移的提高。

从行为角度解释盈余公告后价格漂移的基本论点是，这是投资者对盈利意外过度反应的结果。投资者的成熟度越低，他们就越可能对盈利意外过度反应。我对这种解释持保留意见，相反，我认为盈余公告后价格漂移的根源在于人们处理信息的方式。

对于上市公司来说，年度报告要求在 4 个月内（4 月份以前）披露，半年度报告要求在 2 个月内（7 ～ 8 月份）披露，季度报告要求在 1 个月内（4 月份和 10 月份）披露。因此，当几十家上市公司的财务报告披露后，分析师没有精力同时解读每一家公司，当然也不会马上对自身的投资组合产生影响。

盈余报告季像一场信息海啸。最活跃的资产往往由定性投资经理决定。定性投资经理根据自己的思考来作出买入或卖出股票的决策，而这些决策不是针对盈余报告一夜之间作出来的。

可以把定性投资组合经理想象成传统的守旧派经理，他们只买入他们所了解的股票。这种类型的投资经理喜欢在投资之前与公司的管理层对话，他们不太可能从投资领域中成百上千份盈余报告中搜寻所需信息。那些与他们的投资组合相悖或无关的盈余信息，需要花一些时间才能进入他们的视野。这些定性投资组合经理从完全不持有转变为大量持有一个股票，需要花一些时间。

显而易见，不管是个人还是机构，在决定买入或卖出某只股票之前，都需要花一些时间来评估盈余报告。在向一只股票投入上百万甚至上亿的资金之前，投资者都必须进行额外的基本面研究。

投资组合经理必须掌控新的盈余信息，必须研究这一信息并及时调整自己的结论。这些定性地评估购买决策的过程，造成了投资组合经理对盈利意外的反应滞后。

因此，盈余公告后价格漂移不是由没有经验的投资者产生的，而是由反应不足的大型机构投资者产生的。大型机构投资者需要花大量时间来评估盈余信息，再作出反应。这种延迟造成了盈余公告后价格漂移。对盈余公告后价格漂移的这种解释，得到了一些研究的支持。研究表明，当盈利意外构建的套期保值投资组合是在密集的盈余报告时期构建时，其回报率几乎会翻一番。事实上，报告利润的公司的数量越多，盈余公告后价格漂移越显著。

执行解释：交易成本过大

对盈利意外进行交易需要相当大的交易量。一些由盈利意外驱动的策略有非常长的持有期，但在多数情况下，那些根据盈利意外进行的交易会按季度对股票进行再分组，因而产生很大的交易量。

一种可能的解释是，盈余公告后价格漂移不会随着机构投资者的交易而消失，是因为交易成本。具体来说，交易成本阻碍机构投资者对盈余公告后价格漂移进行交易。确实有一些证据支持这种分析，盈余公告后价格漂移在那些很难被机构投资者持有的公司中更高。

一项分析股价波动对交易难度的影响的研究发现，盈余公告后价格漂移在那些呈现出高价格波动性的股票中更高。其他研究同样表明，盈余公告后价格漂移在那些有更高交易成本的股票中更高。

一些研究显示，调整交易成本后，盈余公告后价格漂移会减少。

而其他研究表明，调整交易成本后，公告后价格漂移还是很高。像是一个左右手都能运球的运动员一样，盈余公告后价格漂移会往两个方向走，在一些研究指出交易成本被高估的同时，另一些研究则指出交易成本被低估了。

然而，绝大多数研究持续显示，调整交易成本后，盈余公告后价格漂移还是会继续存在。因此，交易成本会明显影响盈余公告后价格漂移策略的套期保值投资组合的回报率，但超额回报率可能会继续存在。

小 结

积极参与盈利意外

一项研究机构投资者交易活动的报告指出，机构投资者积极地将盈利意外运用到投资策略中。另外，盈余公告后价格漂移更可能被关注短期投资的机构投资者采用，而不是关注长期投资的机构投资者。盈余公告后价格漂移不是机构投资者使用的最重要的策略，诸如价格动能之类的策略才是最佳的策略。

机构投资者同样不倾向于在需要更高交易成本的股票上使用盈余公告后价格漂移策略。一项非常有趣的研究表明，机构在盈余公告之后5～10天进行的交易不会产生超额回报率，但在盈余公告之后立即进行的交易会产生很高的超额回报率。这间接说明试图利用盈余公告后价格漂移异象的投资者会对盈余信息迅速反应。

这些数据都清楚地表明，从某种程度说，机构投资者会从盈余公告后价格漂移中获利。如果果真如此，那么谁在正的盈利意外发生时卖出股票？答案似乎是个人投资者。

关于个人投资者如何利用盈余信息的研究不多，但可获得的数据清楚地显示，个人投资者很可能在处理盈余信息时犯错误。研究表明，相对于个人投资者买入的股票，其卖出的股票往往被证明能获得更高的回报率。

一项研究确实发现，盈余公告期间30%的交易由个人投资者完成。然而，研究个人投资者的行为之后发现，个人投资者往往在获利之后更加保守，而遭遇损失时却变得格外勇于承担风险。拉斯韦加斯的赌徒输得越来越多，会愈发失去理性。原因是赌徒会为了追回成本而越赌越大。

行为偏见或许能解释盈余公告后价格漂移。个人投资者往往厌恶风险，并可能过早地卖出获利的头寸。实际上，报告正的盈利意外的公司，其股价往往会暴涨。尽管未来将迎接大量的利润，但获利的个人投资者不想失去既得利益，他们更倾向于过早地卖出获利头寸。随着时间的推移，这家公司的股票似乎对正的盈利意外反应不足。于是，正的盈余公告后价格漂移就产生了。

同理，面对损失时，个人投资者倾向于追逐风险。追逐风险的投资者可能对一个亏损的头寸持有过长时间，等待期回到盈亏平衡点。实际上，他们可能对这家公司股票的负的盈利意外反应不足。这种行为更可能出现在个人投资者身上，而不是机构投资者身上。但某些时候，机构投资组合经理也会中枪。

第10章 季节形态

播种之时&收获之时

市场在国会没有举行会议时表现得更好，可能是国会举行会议时，监管更加严厉了。另一种可能性是民意数据，负的民意驱动了国会效应。行为金融学表明，情绪低落的投资者倾向于更加厌恶风险，而除了国会，没有什么能让人情绪更加低落了。

A Time to Plant and a Time to Reap

THE LITTLE BOOK of STOCK MARKET PROFITS

杰弗里·A. 赫希（Jeffrey A. Hirsch）
股市周期理论权威专家《股票交易者年鉴》主编
投资类畅销书《驾驭股市周期》作者

---

5 月是道琼斯指数和标准普尔指数最差 6 个月的起始月。正如一句广为流传的谚语，“5 月清仓离市”。1986 年发明的最优 6 个月交替交易策略证明，这个古老的说法是有相当道理的。如果在 11 月到 4 月期间往道琼斯指数里投资 10 000 美元，62 年后这笔投资将变为 674 073 美元，而如果在 5 月到 10 月投入同样资本，结果是损失 1 025 美元。

像生活中的许多事情那样，股票市场上也存在基于年度和季节的其他因素。市场潮涨潮落了半个世纪后，似乎也具备了一定程度的预测能力。然而，我们并不清楚市场中的季节性是否能够被投资者用来获得超额回报率。尽管如此，一些证据表明，股票在某些时期确实会比其他时期表现得好。也就是说，世间万物都存在季节性，包括股价。

比如，市场似乎在周五比周一上涨得多。类似地，小盘股似乎倾向于在一月跑赢大盘。在这些主观经验之外，大量的研究都在检验，市场作为一个整体究竟什么时候会表现得更好。每一个月的第一个交易日，还是总统四年任期的第三年？元月效应之后，剩下的 11 个月中，市场还有机会表现得更好吗？在研究投资股票市场的最佳时机之前，我们必须处理数据挖掘的问题。

有趣的数据挖掘

数据挖掘，或者说数据探测，本质在于发现那些偶然中的必然。

随着计算能力的提高和金融信息的广泛传播，我们非常容易发现仅仅由于运气而存在、并没有实际预测能力的“规律”。例如，考察1980—2000年的数据后，你可能得出一个结论：以字母M开头的股票倾向于表现得好。微软在这一时期表现得非常好，甚至是最好的公司之一。因此，以字母M开头的股票比其他股票表现得好。字母异象或许值得研究，但到头来你会发现，这一研究基本上没有任何意义，仅仅只是存在于历史数据中，但又不可能重复的形态。

数据挖掘是研究季节性交易策略的重大问题。考察一周中每一天的市场表现后，你一定会发现某一天的市场表现好于其他四天，而某一天的市场表现差于其他四天。然而，我们并不清楚为什么市场会在一周的某一天比其他四天表现得更好，可能是回报率数据的随机分布，也可能是暗示某些事情。在研究历史回报率的规律时，有一个关键的问题是：如果我们将这一规律应用于其他时期，它是否还能奏效？

季节性数据的另一个问题是，有时我们没有足够的数据支撑一个有意义的或者重要的结果。比如，如果分析哪个政党执政会产生更好的市场表现，会被这样一个事实严重限制，即从1945年开始到1990年，美国只产生了11位总统。所以，不管说哪个政党执政会带来更好的结果，都因为样本规模太小而不具有权威性。我们经常很难判断，自己是找到了真实的而又具有预测性的东西，还是仅仅抓住了一些随机分布的历史数据。

以我的经验看，季节性数据的最佳使用方法是，调整一些基本的投资策略。例如，似乎存在一种盘中形态（a daily pattern whereby volume），即下午的交易量比上午的略高。这种形态有一定道理，因为机构投资者倾向于下午交易，而个人投资者倾向于根据昨晚的消息在上午交易。结果，上午的交易往往会更具波动性且深度不足。你不需要根据盘中形态改变你的投资策略。正相反，如果可能，你只需要试着在下午交易而不是在上午开盘交易。

季节性回报率形态在期货交易中更有效，因为其交易成本低廉且杠杆高。我固执地认为，市场择机（timing the market，给市场设定时机和时间）是一个失败的议题。一般而言，我的观点是，季节性回报率形态更适合预测什么时候喝鸡尾酒，而不是什么时候去投资。相对于根据季节性形态决定进入或退出市场，如果你能够超越波动性，长期投身于股票投资，你能够获得更好的回报。话虽如此，下面的季节性形态是在股票市场回报率中屡次出现的，而且他们值得进一步研究：

元月效应。在 1 月中，小盘股比大盘股表现得好。

1 月晴雨表。在一定程度上，市场在 1 月的表现能够指示其他月份的表现。

5 月 /10 月效应。市场倾向于在 5 月到 10 月之间表现较差，这是卖出的好时机。这一效应也被称为 5 月 / 万圣节效应。

节日效应。在节日之前，市场会在收盘时呈现出上涨的势头。

犹太新年效应。在美国，在犹太新年（希伯来历七月、民历首月的首日）卖出，并在赎罪节（犹太新年后的第 10 日）买入，能够获得超额回报率。

周内效应。股票回报率往往在周五较高而在周一较低。市场似乎会在周五获得略高的回报率，而在周一获得较低的回报率。

国会效应。长期观看 C-SPAN 有线电视的人可能会有些吃惊。

当美国国会在举行会议时，回报率倾向于较低且波动性较高。

总统任期效应。在美国，回报率在总统任期的后两年倾向于比在前两年更高。

固定收入效应。在美国，债券回报率在共和党执政时要比在民主党执政时更高。

民主党小盘股效应。在美国，小盘股倾向于在民主党执政时表现得更好，而大盘股倾向于在共和党执政时表现得更好。

月初效应。历史上，大盘股和小盘股都在月初有较高的回报率。

开盘价—盘中交易效应。昨晚的回报率和盘中回报率之间有很强的负的自相关关系。绝大多数市场回报率发生在市场收盘之后。

天气效应。阳光似乎与股票回报率有一些关系。阳光越强烈，股票回报率越高。

以上的季节性形态，我们还没有一种被普遍接受的解释，但不同的时期似乎确实会在一些市场产生某种影响。我所有的训练和经验都告诉我，试图根据季节性形态来进行市场择机不怎么靠谱。然而，回报率数据似乎指出，某些季节性形态确实存在。下面是一些非常有趣的日历效应。

元月效应：小盘股表现得更好

1926—1995 年，相对于大盘股，小盘股倾向于表现得更好。在这 70 年中仅仅只有 5 年，小盘股（将纽约证券交易所中的股票按市值排名，排名最低的 10% 的股票）比大盘股表现得差。1982—1995 年，小盘股在 1 月的表现平均比大盘股高出 4.5%。

从统计学的角度来看，这些结果非常重要。1995 年，元月效应似乎确实存在：在 1 月买入市值最小的股票获得的回报率，比买入市值更大的股票获得的回报率高 4.5%。

然而，事实却不是这样。1995 年之后的 15 年里，元月效应似乎变成了 12 月效应。考察罗素 2 000 小盘股指数和标普 500 大盘股指数在这 15 年内的差异，你会发现，12 月的价差是正的，一月的价差是负的。之所以产生这种价差，是因为投资者使用期货合约，以较便宜的价格进行了交易。这似乎表明，在过去的 15 年中，元月效应的获利机会消失了。简而言之，这一结果解释了季节性投资策略的根本问题：我们很难确定历史上观测的结果是否具有预测能力。

一月晴雨表：一年之计在于“一月”

一月晴雨表是指，如果市场在 1 月的回报率是正的，那么市场在其他月份中也能获得正的回报率。我们将 1940—2010 年这 71 年的数据分成两组：一月的回报率和另外 11 个月的回报率。

这 71 年中有 44 年，市场在 1 月是上涨的。在这 44 年中，有 87% 的年份，当年另外 11 个月的回报率也是正的。

这 71 年中有 27 年，市场的 1 月回报率为负。在这 27 年中，有 52% 的年份，当年另外 11 个月的回报率为正。

得出什么结论呢？过去 71 年的历史数据显示，如果市场在 1 月上涨，其他 11 个月上涨的可能性大约有 80%。然而，如果市场在 1 月下跌，其他 11 个月只在大约 50% 的时间获得正的回报率。

然而，一月晴雨表无效的大部分时间似乎都是离现在比较近的时间。这一策略失效的 19 次中，有 12 次发生在 1978—2010 年。

需要提醒的是，我们计算的是一月晴雨表有效的几率，而不是是否有效。例如，2010 年，一月的回报率是负的，但市场在这一年获得了正的回报率。市场在一月的表现似乎具有晴雨表功能，但问题是这一形态能否帮助投资者获得超额回报率。

使用一月晴雨表收获最大回报，你需要这样做：在一月入市，如果回报率是正的，那么在这一年的剩余时间继续留在市场中；如果一月的回报率是负的，那么这一年的剩余时间投资短期国库券（一种不带息的短期债券）。

从根本上说，我不推荐一月晴雨表策略，因为它本质上是市场择机，而市场择机策略很少起作用。然而，从 1940—2006 年，市场买入并持有的年化回报率是 11.9%。我的建议是，在一月买入，如果一月的市场回报率为负，则投资短期国库券，同一时期短期国库券的回报率是 12.8%。

上述的回报率差异还不足以证明一月晴雨表策略的高明性，因为一月晴雨表传递的错误信号时有发生。绝大多数投资者在经历较差的一两年之后会放弃这种策略，而且会在他们显著落后于市场之后，不再对这一策略抱有希望。另一种批评是，回报率结果没有机会验证。一月晴雨表形态出现在 20 世纪 70 年代，更准确的研究应该在这一形态被广泛传播之后的时间里，它是否依然有效。

如果将一月晴雨表应用于国际市场，得到的结果有些混杂。最近的一项研究考察了一月晴雨表在超过 19 个国家的有效性。除了美国和挪威的结果是正面的，其他国家的数据都显示它不奏效，包括日本、法国、西班牙和德国。鉴于国际市场的检验和合理解释的缺乏，我相信一月晴雨表形态可能真的仅仅是历史数据的巧合。

五月 / 十月效应：五月出，十月进

分析股票市场在每个月的回报率之后，你或许会发现市场在 11 月到 2 月之间的表现比较好，而在 5 月到 10 月之间比较差。此外，各种原因引起的市场崩盘都发生在 10 月，其中最著名的是 1929 年的大萧条和 1987 年的市场崩溃。一直到 2010 年，2008 年 9 月出现的金融危机仍愈演愈烈。一种常识性的策略是，在 5 月左右卖出股票而在 11 月初买回。

不同于一月晴雨表，研究似乎指出，5 月卖出效应似乎在许多国家都存在。然而，与其他许多基于季节性的策略一样，我们很难对这种策略获得的超额回报率作出合理的解释。可能是季节性情绪失调（Seasonal Affective Disorder，简称 SAD）引起，可能是假期因素，也可能是投资者倾向于在年末变得过度乐观。

五月 / 十月效应在国际市场的表现有些奇怪，在南半球国家（比如澳大利亚，季节与北半球国家相反），如果将五月 / 十月效应归结于情绪或假期的关系似乎站不住脚，因为芝加哥是冬季，澳大利亚正值夏季。

在过去 17 年中，如果你在 5 月 1 日卖出标普 500 指数且在 9 月最后第六个交易日买回，你将获得比持有指数 6 个月更高的回报率。

无论什么原因，一般而言，股票在冬季的回报率似乎比夏季高。在过去 20 年中，大约有 65% 的时间，市场冬季的回报率高于夏季的回报率。一种利用五月 / 十月效应而不涉及市场择机的方法是，

在冬季买进周期性股票，在夏季买进诸如医药和必需消费品公司的防守型股票。

与五月卖出效应类似的是，香港股票市场的丁蟹效应（又称秋官效应）。1992年10月，香港TVB播放由郑少秋主演的电视剧《大时代》。故事讲述由郑少秋饰演的丁蟹，经常在股票市场的熊市中抛空恒生指数期货而获取暴利，正好当时香港股市暴跌，股民损失惨重。此后十几年里，几乎每次郑少秋主演的电视剧播放的时候，股票市场都会显著下跌。

然而，我认为，在没有找到合理的解释之前，所谓的规律可能只是一些数据挖掘的偶然结果。此外，乐观心理驱动的五月/十月效应并不被市场广泛认可。

节日效应：过节“七天乐”

在统计上，市场似乎倾向于在重大节日的前个交易日获得略高的回报率。看上去，这种效应对小市值股票和大市值股票都适用。此外，在统计上，节日效应非常显著，最强的结果倾向于出现节日开始的前一天。劳动节和总统纪念日似乎拥有最高水平的节日前回报率。另外，节日效应可能在一定程度上对期货交易员有帮助，但很难将其包括到实时的投资策略中。原因在于，市场临近节日的交易日只有9个。作为一名投资者，你能从节日效应获得的最佳建议是，请等到节日过去之后再卖出股票。

此外，节日处在一周中间还是周末，节日效应都在发挥作用。

几乎所有的情形下，节前的回报率比那一周的平均市场回报率要高。可能是交易员会在节日前一天请假，结果市场上缺乏卖出者。另一种可能的解释是，市场在度假日之前普遍比较乐观。我们从行为研究中知道，人们越是乐观，越倾向于承担更多的风险，越可能作出更多的买入行为。

与节日效应类似的是周末效应，即市场回报率倾向于在周五更高而在周一更低。分析国际上 15 个国家在 1997—2004 年的数据会发现，这些国家周五的平均回报率都是正的。大部分的周内研究结果都有非常高的标准差，我们很难认为结果在统计上有显著性。

大多数研究认为，很难从周内异常中获利，原因在于交易成本和股价的高波动性。此外，你必须意识到，你总能发现有些历史回报率很高，有些则很低。市场会在周五比周一获得更高的回报率，可能仅仅是随机事件，所以周末效应的预测能力有待观察。

从 1993—2010 年有 82% 的时间，总统纪念日前一天会产生正的日回报率。为什么是总统纪念日？或者说为什么不是总统纪念日？这是该类型的分析的重大问题之一。最终，季节性形态缺乏合理的解释，人们谨慎地采用这些形态。

无论在什么情况下，你都无法笃信市场一定会在劳动节或总统纪念日或其他节日前一天上涨，历史回报率可能仅仅是一种随机分布。

月初效应：月光族的春天

一个月的第一天似乎是比较重要的一天。一般而言，市场倾向于在每月的第一个交易日上涨。这种结果在统计上是显著的，经常可以归因于现金流。基本的逻辑是，市场参与者倾向于在新的一个月的第一个交易日投入新的资金。因此，机构投资者的买入活动比平常高，价格走高才能使市场出清。有些数据指出，公司倾向于在下半月公布坏消息，而在月初发布好消息。此外，存在这样一个事实，在美国和其他大部分国家，薪水通常在每月最后一天发放。

在不同国家或不同时期，月初效应的结果有所不同，并不存在一致性。中国研究月初效应的学者很少，2004 年之前的数据显示，A 股存在月初效应。主要原因在于，上市公司喜欢在周末和月初发布公告，监管机构在月初发布政策，以及市场对利好消息的消化时间较长。从当前的 A 股市场上看，公告和政策的发布越来越具有随机性，市场对信息的反应速度极快，月初效应有所减弱。

可能是薪水推高了月初的回报率。这种情况不单发生在个人投资者身上，还影响着大多数养老基金和机构公司账户工作的方式。养老基金的资产配置决策几乎总在月末作出，而不是月中。所有这些解释连同强有力的统计结果，都指向了一种可能性：确实存在月初效应。

一些投资者已经构建了市场择机模型，设定在每月的第一天投资股票，其他时间则投资短期国库券。这种模型获得的历史回报率与买入并持有指数的回报率相同，但支持者开始怀疑自己管理投资的时间会不会太少。另外，模型没有考虑交易成本或者指数价格的下跌。更重要的是，这一模型不是每年都有效，我们仍然不排除月初效应是随机事件的可能。

政治效应：政客影响美国

美国市场已经有了一些政治效应。国会举行会议时的股票回报率似乎要比国会没有举行会议时的股票回报率略微低一些，波动性高一些。与国会举行会议时相比，国会没有举行会议时的年化股票回报率基本上高 4% ～ 5%。

一些人推断，市场在国会没有举行会议时表现得更好，因为监管风险较低。另一种可能性来自于民意数据，国民对国会负的民意驱动了国会效应。行为金融学非常清楚地表明，情绪低落的投资者倾向于更加厌恶风险，而除了国会，没有什么能让人情绪更加低落了。还有一些政治效应关注的是，市场在总统任期不同时期的表现，以及市场在不同的政党执政下的表现。大多数此类研究，由于数据的缺乏和数据适用性问题，尚未有明确的结果。

总统投资周期数据为媒体提供了有趣的素材，但对投资而言，他们没有多少信息价值。我看不到分析政党对市场影响的效用，就算回到卡特总统执政的年代也是如此。简单地说，我可不相信那些说“市场在艾森豪威尔执政或者肯尼迪执政的表现预示着谁将入主白宫”的分析。类似地，我也不知道塔夫脱掌权后两年的股票市场表现与目前的行情有何关联。只是数据似乎表明，相较于头两年，市场在总统任期的后两年要表现得更好。

小　结

季节投资靠谱吗?

对于谨慎的投资者，我推荐尝试两种最强有力的日历异象：五月卖出和月初效应。月初效应在统计上是最显著的，同时也有合理的解释。

无论如何，日历交易策略的效用在股票市场中非常有限。或许，一部分日历异象确实存在，但需要再次强调的是，数据挖掘的随机性和统计的显著性经常同时出现。

如果你用现货来参与市场择机，那么季节性交易策略将变得非常不明智。多年以来，我还没有发现能够通过市场择机来成功获得回报的投资者。我的原则是，使用本书中的其他策略组合,主动型投资或许将战胜大盘。仅仅由于某一日“看起来”会产生超额回报就进行日间交易，这种行为欠考虑且不可取。

第11章 多因素策略
基本面综合分析

一种弹球机设置了由易到难的程序。玩家在玩了几分钟后，显示屏上弹出“多个球”的提示，然后几个钢球弹射出来。对新玩家而言，多个球的出现简直是灾难，游戏草草收场。但对于弹球高手来说，游戏会继续流畅地进行下去。

The More the Merrier

THE LITTLE BOOK of
STOCK MARKET PROFITS

克里斯托弗·布朗 (Christopher Browne)
价值投资的梵蒂冈教皇
价值投资经典作品《价值投资》作者

账面价值、收益以及资产负债表分析，所有这些指标都是识别优质股票的关键。但是，如果成功的投资真像数学公式这么简单，那么这个世界上也就没有失败的投资者了。

事实上，要找到真正物有所值的股票，还是需要一点艺术的。因此，你应该对手头的候选名单进行一番更详细的剖析。首先，你需要深入认识这些公司的运作状况和竞争态势，它可以帮助我们更深刻地认识这些公司以及它们作为投资对象所具有的潜力。

以前，有一种弹球机会在玩了几分钟后，首先宣布弹出“多个球”，然后会有几个钢球从弹球机中弹射出来。对于新玩家而言，多个球的出现会压倒其反应能力，最终游戏草草收场，但对于弹球高手来说，游戏会在多个球之后继续流畅地进行下去。在量化股票管理中，“多个球”指的是多因素。

多因素本质上意味着，将能够产生超额回报率的不同方法糅合进一个综合模型中。例如，我们已经知道，随着时间的推移，以有吸引力的估值指标进行交易的股票倾向于跑赢大盘，呈现出强劲价格动能的股票在一两个季度内同样倾向于跑赢大盘。多因素模型试图把这两个因素结合起来，找出那些既以有吸引力的估值指标进行交易，又呈现出强劲价格动能的股票。基本逻辑是，根据两个或多个因素构建的投资组合产生的回报率比只使用一个因素要高。

因素并非“多多益善”

开发多因素模型的挑战是，使用一个以上的因素会产生两个潜在问题。第一个问题可能是回报率的稀释。假设估值因素是真实的，价格动能仅仅是一种随机事件，那么基于价格动能和估值构建的多因素模型，其估值因素就可能被稀释。多因素模型中存在的另一个严重问题是，多因素模型可能使投资者过于关注近期表现最好的因素。表现最好的因素经常只是偶然表现得好而已。将真实的因素与那些只是偶然存在的因素联合使用时，可能会减弱真实因素的效力。

第二个问题是有太多供选择的因素。过去一两年内表现得好的因素也非常丰富，选择非常艰难。因此，有时多因素模型看上去会跑赢大盘，但如果研究员在模型开发过程中不够小心，那么这个多因素模型开发最终沦为数据挖掘的材料。我们会遇到使用多因素模型进行资产管理的根本问题。当投资组合表现不佳时，将表现不好的因素替换为表现好的因素，这种倾向会使投资经理在资金管理过程中缺乏持久力，或者缺乏珍贵的固执态度。**如果你不断改变你的投资活动赖以存在的理念，那么你将总在表现相对较差的时候进行变换**。结果，你的业绩将比只选择一种因素且在好的时候和差的时候都坚持这一因素时，要差得多。这样的话，还不如只根据一种因素构建投资组合。这种情况相当普遍，使用多因素模型的投资经理总是因为投资组合表现不佳而更换参考因素。如果不系统性地使用因素轮换策略，相当于个人投资者使用止损策略，总是在亏损时卖出。这对整体业绩的提升没有任何帮助。

多因素模型中的许多因素都与基本面数据有关。基本面数据是一家公司实际基本业务的信息——通常可以在股票信息的商业数据库中找到。我们之前讨论的策略，比如盈余公告后价格漂移、应计异象、估值因素、价格动能和信号传递效应等，都能够作为多因素模型的一部分。

单独而言，基本面数据并没有产生超额回报率的能力，但当把基本面数据的多个部分组合起来，得到的指标似乎比单个部分更具说服力。

投资理念来源于实战中的不断磨合、来自于自身心性的升华。理念不可能用语言完整地表述和传授出来，需要投资者用心去体会，去领悟，去思考。成功的理念不可能一次形成，也不能缺失。英大证券研究所的李大霄说过，做好人，买好股，方能有好报。不管是“地球顶”，还是“婴儿底”，不同的人有不同的投资理念，没有好坏之分。

Piotroski F 值（皮奥特罗斯基 F 值，简称 F 值）和 Mohanram G 值(莫汉尔曼值,简称 G 值),是两种被广泛研究的多因素方法。其中，Piotroski F 值检验 9 个基本面指标，Mohanram G 值检验 8 个基本面指标。F 值关注价值股的选择，而 G 值关注成长股的选择。

几乎所有基本面评分系统中的指标都是这样：在一个相对有效的市场中，如果一家公司的资产比另一家公司的资产有更高的回报率，这一事实将会反映在股价中。任何包含在多因素模型中的基本面比率都将向整个市场公布，他们同样可能反应在股价中。

差强人意的历史纪录

在多因素模型的有效性背后有一个基本理念，即综合体大于组成部分。也就是说，整体比它的各个部分之和大。其逻辑是，F 值或 G 值完成了一个优秀的股票分析师的工作，选出能够获得超过市场的超额回报率的股票。

股票分析师最重要的工作是选股，不同的分析方法会选出不同的个股。投资者要结合自身的条件，选出适合自己的投资品种。技术分析方面，比如，升势中的周期股，龙头股，强势上涨带大阳线的股票，这些都可以适当介入。基本面分析方面，例如，宏观经济改善，利率降低，通货膨胀初期，行业景气度高，公司的运营能力好，这些都是买入的时机。技术分析和基本面分析结合使用，效果会更好。

人们对多因素模型的不满在于，他们往往是数据挖掘的结果。在评分指标公布之前，没有人知道模型考虑了多少因素。此外，只有那些似乎有效的模型才会公布相关信息。

道琼斯策略是数据挖掘的结果。这一策略倾向于买入道琼斯工业平均指数中股息率最高的 10 只股票。股息率由期望股利支付除以股票价格来确定：股票价格越低，股息率越高。基本的逻辑是，股息率是价值的一个替代变量。道琼斯成分股中最高股息率的股票，就是呈现了最大价值的道琼斯股票。这一策略的历史分析很棒。不幸的是，如果你不是在年末而是在年中实施这一策略，你的回报率远没有那么高。如果投资组合在年末而不是年中构建，那么道琼斯策略有效。两者之间的差别毫无道理。最可能的是，这仅仅是数据挖掘的随机事件。

随机事件的一种最简单的检验方法是，看看这一策略在样本之外的数据中是否有效。这意味着，你要检验这一策略在构建之外的时期或者数据中是否能够继续表现良好。其一，在国际市场检验；其二，在模型构建期之外检验。

第一批多因素模型可能都受到了数据挖掘的困扰。比如，一个早期的多因素模型试图确定一家公司第二年创造显著利润率的可能性。数据显示，一种套期保值投资组合能够获得约 12% 的回报率，但当这种方法应用到另一个时期时，没有产生回报率，也就是说策略失效了。这一模型没有反映因果关系，仅仅呈现了一种统计关系。

F 值：找出反转的价值股

Piotroski F 值由芝加哥会计学教授约瑟夫·皮奥特罗斯基（Joseph Piotroski）提出。F 值帮助投资者识别能够跑赢大盘的价值股，其依据是公司财务报表中的一些特定的标准，包括盈利能力、杠杆、流动性、资金来源和经营效率等。

从根本上说，F 值是在寻找那些基本面正逐步改善的股票。原因在于，基本面在改善的价值股更可能从目前的困境中恢复过来。

F 值关注的是公司健康程度的三个量度，即盈利能力、财务杠杆和经营效率。指标想要看到的是，各个量度正随着时间的推移而逐步改善。

2000 年左右，F 值被首次提出，并试图根据 9 个基本面信号将价值股分成买入股和卖出股两大类。为什么是 9 个，而不是 10 个，或者 11 个？这个问题又让我开始怀疑 F 值是否为数据挖掘的结果。答案无从知道，但我们可以推测，可能是根据这 9 个基本面信号筛选出的投资组合表现得更好。或许当初检验了50个基本面信号，但最终只证明这9个有效。在尚未弄明白F值如何构建的情况下，数据挖掘的有害影响始终不能根除。

F值关注的是季度资产负债表和利润表榜上有名的项目。具体来说，F值检验的因素包括资产回报率、资产回报率的变化、经营活动现金流量、应计利润、毛利率的变化、公司资产周转率的变化、负债比率的变化、流动资产与流动负债的比率的变化，以及公司是否在去年发行过普通股。以上所有变化都按年度考量。

F值评分系统的基本规则是，对项目中的正值给1分。例如，如果资产回报率是正的，这只股票就得1分；如果毛利率相对于去年同季度提高了，再给这只股票1分；如果这家公司去年没有发行股票，再给1分。每只价值股都会得到一个0～9的分数,0分和9分不太常出现。要想得到9分,这只股票所有的9个项目都必须为正。

有了各只股票的得分，就可以构建套期保值投资组合了，比如买入得分为8分或9分的股票，卖空得分为0分或1分的股票。在价值股领域，这样的套期保值投资组合能够产生两位数的年化回报率。这一回报率的绝大部分来源于套期保值投资组合的多头。相对于避开失败者，F值似乎在挑选胜利者方面更有效。

回归分析显示，F值构建的投资组合产生的超额回报率，不能由其他诸如价格动能或者应计利润之类的投资异象来解释。光鲜的数据让一切看上去都很美好，直到有人试着将这一方法运用到新的时期。

遗憾的是，F值被发现之后的10年内，再也没有产生曾经那样强劲的回报率。然而，F值背后的基本原理还是相当稳健：发现有可能恢复其基本面强度的价值股，买入他们。

尽管样本外检验得到的回报率降低，但这不能否定 F 值的预测能力。如果你寻找一种方法来挑选价值股，那么 F 值依然是一种合理的方法，只是它的预测能力不如刚发现那么强了。

F 值似乎不太适合选择成长股，只在价值股领域起作用。从根本上来说，其评分系统的建立是为了识别可能从困境中恢复的价值股。绝大多数价值股都处于某种形式的困境中。价值股往往比较便宜，可能一些具有深度价值的股票常常处于债务违约的危险之中，投资者不太看好价值公司的增长前景。

F 值试图识别可能从基本面上恢复的股票。如果把价值股想象成一位被打倒在地的斗士，F 值要做的是，判断这位斗士是否能够重新站起来。

F 值判断的依据是基本面，投资者确认破产公司是否即将破产的依据也是相同的数据。如果公司的基本面正在改善，这只股票就有了再度站起的可能。像所有价值股那样，更高 F 值的价值股往往是处于深度困境的价值股，而我们希望他们能从财务上恢复过来。

然而，在真实的价值投资中，基于 F 值构建的投资组合绝没有那么好，买入并持有一个由深度价值股组成的投资组合，实际上需要非常大的勇气。价值投资不适合心脏脆弱的人。

F 值考察的项目都基于季度数据，或季度数据相对于上一年同季度的变化。因此，F 值策略可能没有特别强的时间依赖性。回报率的高低并不取决于投资者对数据作非常迅速的反应。如果你利用 F 值在最糟糕的价值股中选择投资组合，你可能得到的是随机选择的结果，也可能是避开破产灾难、为你提供额外回报率的有效组合。

G 值：识别证伪的成长股

哥伦比亚大学的助理金融教授帕萨·莫汉尔曼（Partha Mohanram）名留青史，他开发了为成长股排名的 G 值。

对 G 值的合理解释在于，它利用了成长股的无效率因素。总体而言，成长股投资者倾向于错误地认为，过去的销售增长或利润增长会在未来继续。G 值识别并避开历史销售增长或历史利润增长，但缺乏稳定性且未来增速会放缓的公司。G 值同样偏好盈利型公司，因为随着时间的推移，盈利能力倾向于可持续。G 值寻找的是有稳定的历史利润增长的盈利公司，本质上在寻找未来利润增长与稳定的过去相匹配的公司。G 值同样试图发现会在短期内消耗现金的公司。例如，研发支出，从短期来看可能会使利润降低，但可能产生更高的长期利润。如果一家成长型公司在广告和资本支出上花了一大笔钱，这可能意味着只要减少这类支出，其季度利润预测就会变成现实。也就是说，这家公司相当于一只装满正的盈利意外的饼干罐。

G 值考察 8 个基本面因素。不同于 F 值的是，G 值将公司的这些因素与行业中值进行比较。行业中值往往是这家公司所属行业整体水平的表现，比如软件行业、硬件行业、或者医疗技术行业。例如，如果用 G 值考察苹果公司，考察的是苹果公司的资产回报率是否比计算机硬件行业的其他公司更高。

从根本上说，G 值寻找有强劲增长潜力的公司。换句话说，G 值想要排除可能从高增长轨道跌落的股票。因此，相对于选择胜利者，G 值在避开失败者方面可能更有效。

G 值策略贯彻的基本思想是，指标比行业中值更好的成长型公司，更可能在未来继续实现利润增长。广告、研发和资本支出指标都预示着一家公司的盈利性，以及能否以较低的短期利润换来长期增长。例如，研发支出会记在公司的资产负债表的成本一栏，但可能会为未来利润贡献很大力量，其真实价值非常高。

费雪总结了成长股的一些特征，比如，产品或服务有充分的市场潜力，至少几年内营业额能大幅增长；管理层决心继续开发新产品或新工艺，为进一步提高总体销售量；一流的销售组织；研发能力强，研发到应用的效果显著；利润率高；员工忠诚度高等。买入成长股后，最大的风险在于，股价过度透支未来的利润增长，盈利不达预期。

G 值分析的因素包括资产回报率、经营活动现金流量与资产之比、资产回报率在过去 5 年的方差、公司规模在过去 5 年的方差、研发支出、资本支出、广告费用，以及利润增长与会计应计项目的关系。

G 值评分系统的基本规则是，当一家公司的一个基本面的值大于行业中值时，这家公司得 1 分。例如，如果谷歌的现金流与资产之比高于其他互联网公司，那么谷歌得到 1 分。

有了各只股票的得分，下一步就可以构建套期保值投资组合了。比如，买入 G 值为 8 分的公司，卖空那些 G 值为 0 分的公司。基于 G 值构建的套期保值组合产生了超额回报率，绝大部分来自于空头。G 值较低的公司的表现弱于平均成长股的程度，比 G 值较高的公司的表现高于平均成长股的程度要大。此外，G 值较高的股票倾向于在未来获得更大的正的盈利意外。这与下面的解释是一致的：G 值识别的是投资者低估其未来利润增长的成长股。

基于G值构建的套期保值组合的回报率在大多数年份都是正的。在其他策略均失效之后，这一套期保值组合的回报率也比预期的高。

G值在2005年左右开始推广，从那时开始，G值产生的回报率就不那么强劲了。与F值一样，G值被发现以来，再也无法产生历史上那般夺目的回报率了。

THE LITTLE BOOK of
STOCK MARKET PROFITS

小 结

综合分析并非“零”风险

国际市场对 F 值和 G 值也有着非常广泛的检验。最近一项研究考察了巴西市场的 F 值。可能是巴西股票市场的流动性有限且限制卖空，结果表明，巴西由 F 值构建的套期保值组合的回报率比美国还高。在检验日本市场上 F 值的有效性时，我们也发现了正面的结果。

F 值之所以会如此，一种可能的解释与违约风险有关。如果一家公司在其债务支付上遇到困难，人们可能会认为其股票能够产生更高的回报率。可能破产的公司更具风险，投资者在持有这种类型的公司的股票时会承担更高的风险，他们获得了额外的补偿。

事实上，基于违约风险构建的套期保值组合产生了正的回报率。有更高破产可能性的公司，实际上获得了更低的回报率。随着时间的推移，基本面指标（如更高的利息保障倍数）显示更加安全的股票，似乎会跑赢大盘。

这种违反直觉的结果与市场对破产风险的错误定价保持了一致。通过关注不太可能出现债务违约的公司，F 值可能识别出被错误定价或者被低估的公司。同理，G 值可能能够识别出成长性被错误估计的股票。

G 值往往青睐可能持续保持利润强劲增长的公司，这些公司往往进行研发投资，并在历史上有稳定的利润增长。G 值较高的成长股不太可能出现增长放缓的情况，他们的利润质量往往很高。

投资者必须小心这种可能性，即 G 值和 F 值实际上都是数据挖掘的结果。G 值和 F 值确实能反映了一些真实的动态信息，而且利用这两个指标预测股票在 10 年后的表现也将十分有趣。要记住，不论发生何种情况，F 值策略只适用于价值股，G 值策略只适合于用来关注成长型公司。

致　谢

我要感谢约翰·威利父子出版公司的编辑团队，尤其要感谢梅格·弗里伯恩（Meg Freeborn）和凯文·康米斯（Kevin Commins）。为了使这本书能为每位读者理解，这两位编辑提供了各种建设性意见。我还非常幸运地得到了才华出众的制作编辑斯泰茜·菲谢科塔（Stacey Fischkelta）的帮助。

本书汇聚了过去20年的学术研究成果，这些研究可以在威利出版的《股票市场异象手册》中找到。

最后，感谢我的家人劳拉、山姆、瑞秋和米亚。这些年中，他们向我贡献了的各种各样的意见和建议。

米奇·扎克斯

特别鸣谢

感谢《股票市场异象手册》的投稿者，没有他们就没有这本书的诞生，是他们在各自领域的研究奠定了本书的基础。

米奇·扎克斯

中资海派出品

为精英阅读而努力

晨星公司首度解密巴菲特从未公开的选股秘诀

投资者只知其名却不知其庐山真面目的

巴菲特选股法则——投资护城河

〔美〕帕特·多尔西　著

刘寅龙　译

中资海派出品

定　价：48.00元

第一本详解巴菲特"护城河"理论的书

多尔西成为继巴菲特之后

寻找投资护城河的全球第二人

巴菲特说，他认定可口可乐、美国捷运、吉列拥有宽阔的"护城河"，所以他长期持有并获取超额收益。但巴菲特从未公开，到底怎样寻找投资护城河？

在本书中，你将看到：

- ◆ 好企业不一定有好股票，好股票不一定赚得久。——结合实际，分辨真假护城河。
- ◆ 高不高？买不买？——熟练掌握财务估价工具，发现绝佳投资机会。
- ◆ 会买只是徒弟，会卖才是师傅。——应用整套原则，精准定位最高价位。

唯有找到拥有宽广护城河的公司

才能获得长期超额报酬的持久优势

中资海派出品

为精英阅读而努力

威科夫量价分析法教你解盘获利秘诀

比肩道氏理论、波浪理论和江恩理论

华尔街古老金融炼金术师传承百年的威科夫量价分析法

〔美〕戴维·H.魏斯　著

何正云　何艺阳　译

中资海派出品

定　价：48.00元

中资证券量价技术分析经典著作

威科夫教会你捕捉价格运动轨迹

走势图赋予你定位反转点的能力

- 顶部形态中的最后一涨或底部的最后一跌，常常伴随轴心线一起出现。轴心线发出买入信号，还是卖出信号？
- 回踩让主力有机会计算支撑位周围的需求。如果破位未能产生狂风暴雨般的新卖盘，主力还会强势做多吗？

100 多年来，量价分析大师威科夫在交易中“训练出来的判断”的研究影响着数代交易员；时至今日，他的方法依然被全世界主流交易员奉为圭臬。纵观 3 个世纪，市场风云变幻，威科夫量价分析法却凭借强大的盈利能力得以比肩道氏理论、波浪理论和江恩理论，并称交易史上的四大台柱。

《以交易为生》《走进我的交易室》作者

亚历山大·埃尔德　强烈推荐

“iHappy 书友会”会员申请表

姓　名（以身份证为准）：__________；性　别：__________；

年　龄：__________；职　业：__________；

手机号码：__________；E-mail：__________；

邮寄地址：__________；邮政编码：__________；

微信账号：__________（选填）

请严格按上述格式将相关信息发邮件至中资海派“iHappy 书友会”会员服务部。

邮　箱：zzhpHYFW@126.com

微信联系方式：请扫描二维码或查找 zzhpszpublishing 关注“中资海派图书”

<table>
<tr><td rowspan="9">优惠订购</td><td colspan="2">订阅人</td><td></td><td>部　门</td><td></td><td>单位名称</td><td></td></tr>
<tr><td colspan="2">地　址</td><td colspan="5"></td></tr>
<tr><td colspan="2">电　话</td><td colspan="3"></td><td>传　真</td><td></td></tr>
<tr><td colspan="2">电子邮箱</td><td colspan="2"></td><td>公司网址</td><td></td><td>邮　编</td></tr>
<tr><td>订购书目</td><td colspan="7"></td></tr>
<tr><td rowspan="2">付款方式</td><td>邮局汇款</td><td colspan="6">中资海派商务管理（深圳）有限公司
中国深圳银湖路中国脑库 A 栋四楼　　邮编：518029</td></tr>
<tr><td>银行电汇或转账</td><td colspan="6">户　名：中资海派商务管理（深圳）有限公司
开户行：招行深圳科苑支行
账　号：81 5781 4257 1000 1
交通银行卡户名：桂林　　卡　号：622260 1310006 765820</td></tr>
<tr><td>附注</td><td colspan="7">1. 请将订阅单连同汇款单影印件传真或邮寄，以凭办理。
2. 订阅单请用正楷填写清楚，以便以最快方式送达。
3. 咨询热线：0755−25970306 转 158、168　传　真：0755−25970309 转 825
E-mail: szmiss@126.com</td></tr>
</table>

→利用本订购单订购一律享受九折特价优惠。

→团购 30 本以上八五折优惠。